不一樣的中國史 10

楊照 著

從士人到商幫，商業驅動的時代

元、明

中國史是臺灣史的重要部分

歷史知識建立在兩項基本信念上，第一是相信人類的事物都是有來歷的，沒有什麼是天上掉下來或奇蹟所創造的；第二則是相信弄清楚事物的來歷很重要，大有助於我們分析理解現實，看清楚現實的種種糾結，進而對於未來變化能夠有所掌握，做出智慧、準確的決定。

歷史教育要有意義、有效果，必須回歸到這兩種信念來予以檢驗，看看是否能讓孩子體會、掌握歷史知識的作用。

不管當下現實的政治態度是什麼，站在歷史知識的立場上，沒有人能否認臺灣是有來歷的，不可能是開天闢地就存在，也不可能是什麼神力所創造的。因而歷史教育最根本該教的，就是「臺灣怎麼來的」。

要回答「臺灣怎麼來的」，必定預設了臺灣有其特殊性，和其他地方、其他國家不一樣，所以才需要從時間上溯源去找出之所以不一樣的理由。臺灣為什麼會有不一樣的文化？為什麼會有不一樣的社會？為什麼會有這樣的政治制度與政治狀態？為什麼會和其他國家產生不同的關係？……

所謂以臺灣為本位的歷史教育，就是認真地、好好地回答這幾個彼此交錯纏結的大問題。那麼歷史教育的內容好不好，也就可以明確地用是否能引導孩子思考、解答這些問題來評斷了。

過去將臺灣歷史放在中國歷史裡，作為中國歷史一部分的結構，從這個標準上看，有著明白而嚴重的缺失，那就是忽略了臺灣複雜的形成過程，特殊的地理位置使得臺灣從十七世紀就在東亞海域衝突爭奪中有了角色，中國之外的各種力量長期影響了臺灣。只從中國的角度，不看來自荷蘭、日本、美國等政治與文化作用，絕對不可能弄清楚臺灣的來歷。

但是，過去的錯誤不能用相反的方式來矯正。臺灣歷史不應該是中國歷史的一部分，然而中國歷史卻仍然是臺灣歷史非常重要的一部分。關鍵重點在調整如此的全體與部分關係，確認不該將臺灣史視為中國史的一部分，而該翻轉過來將中國史視為構成及解釋臺灣史的一部分。這樣調整之後，再來衡量中國史在如此新架構中該有的地位與分量。

不只是臺灣的社會與文化，從語言文字到親族組織原則到基本價值信念，和中國歷史有著太深、太緊密的連結；就連現實的政治與國際關係，去除了中國歷史變化因素，就無法理解了。硬是要降低中國歷史所占的比例分量，降低到一定程度，歷史就失去了解釋來歷和分析現實的基本作用了。

從歷史上必須被正視的事實是：中國文化的核心是歷史，保存歷史、重視歷史、訴諸歷史是中國最明顯、最特殊的文化性格。因而中國文化對臺灣產生過的影響作用，非得回到中國歷史上才能看得明白。

不理解中國史，拿掉了這部分，就不是完整的臺灣史。東亞史的多元結構無法提供關於臺灣來歷的根本說明，諸如：臺灣人所使用的語言文字、所信奉的宗教與遵行的儀式、內在的價值判斷優先順序、對於自我身分角色選擇認定的方式、意識深層模仿學習的角色模式⋯⋯

歷史教育需要的是更符合臺灣特殊性的多元知識，但這多元仍需依照歷史事實分配比例，一味相信降低中國史比例就是對的，違背了歷史事實，也違背了歷史知識的根本標準。

目次 contents

第三講 漢人與漢文化處境

第四講

宋元時期的東西交通

第五講

「殺韃子」與漢民族意識

第六講

明朝的建立與朱元璋

第七講

從明朝政制看元朝的影響

第八講

明代商業運作與「資本主義萌芽期」

第九講

商幫的崛起

第十講

雅俗之間的文化活力

「重新認識」中國歷史

1

錢穆（賓四）先生自學出身，沒有學歷，沒有師承，很長一段時間在小學教書，然而他認真閱讀並整理了古書中幾乎所有春秋、戰國的相關史料，寫成了《先秦諸子繫年》一書。之所以寫這樣一本考據大書，很重要的刺激來自於名譟一時的《古史辨》，錢穆認為以顧頡剛為首的這群學者，「疑古太過」，帶著先入為主的有色眼光看中國古代史料，處處尋覓偽造作假的痕跡，沒有平心靜氣、盡量客觀地做好查考比對文獻的基本工夫。工夫中的工夫，基本中的基本，是弄清楚這些被他們拿來「疑古辨偽」的材料究竟形成於什麼時代。他們不願做、不能做，以至於許多推論必定流於意氣、草率，於是錢穆便以一己之力從根做起，竟然將大部分史料精確排比到可以

「編年」的程度。

很明顯地，《先秦諸子繫年》的成就直接打擊《古史辨》的可信度。當時任職燕京大學，在中國學術界意氣風發、引領風騷的顧頡剛讀了《先秦諸子繫年》，立刻理解體會了錢穆的用意。他的反應是什麼？他立刻推薦錢穆到廣州中山大學教書，也邀請錢穆為《燕京學報》寫稿。中山大學錢穆沒有去，倒是替《燕京學報》寫了〈劉向歆父子年譜〉，錢穆自己說：「此文不啻特與頡剛諍議，頡剛不介意，既刊余文，又特推薦余在燕京任教。」

這是個「民國傳奇」。裡面牽涉到那個時代學者對於知識學問的熱情執著，也牽涉到那個時代學者的真誠風範，還牽涉到那個時代學院重視學識高於重視學歷的開放氣氛。沒有學歷的錢穆在那樣的環境中，單純靠學問折服了潛在的論敵，因而得以進入當時的最高學府任教。

這傳奇還有後續。錢穆後來從燕京大學轉往北京大學，「中國通史」是當時政府規定的大學歷史系必修課，北大歷史系慣常的做法，是讓系裡每個老師輪流排課，將自己所擅長的時代或領域，濃縮在幾堂課中教授，用這種方式來構成「中國通史」課程。換句話說，大家理所當然認為「中國通史」就是由古至今不同斷代的中國歷史接續起來，頂多再加上一些跨時代的專史。

可是被派去「中國通史」課堂負責秦漢一段歷史的錢穆，不同意這項做法。他公開地對學生表達了質疑：不知道前面的老師說了什麼，也不知道後面的老師要說什麼，每個老師來給學生片片斷斷的知識，怎麼可能讓學生獲得貫通的中國史理解？學生被錢穆的質疑說服了，也是那個時代的精神，學生認為既然不合理就該要求改，系裡也同意既然批評反對得有道理就該改。

怎麼改？那就將「中國通史」整合起來，上學期由錢穆教，下學期則由系裡的中古史大學者陳寅恪教。這樣很好吧？問了錢穆，錢穆卻說不好，而且明白表示，他希望自己一個人教，而且有把握可以自己一個人教！

這是何等狂傲的態度？本來只是個小學教員，靠顧頡剛提拔才破格進到北大歷史系任職的錢穆，竟然敢排擠數不清精通多少種語言、已是中古史權威的大學者陳寅恪，自己一人獨攬教「中國通史」的工作。他憑什麼？他有資格嗎？

至少那個年代的北大歷史系覺得錢穆有資格，就依從他的意思，讓他自己一個人教「中國通史」。錢穆累積了在北大教「中國通史」的經驗，後來抗戰中隨「西南聯大」避居昆明時，埋首寫出了經典史著《國史大綱》。

2

由《國史大綱》的內容及寫法回推，我們可以明白錢穆堅持一個人教「中國通史」，以及北大歷史系接受讓他教的理由。那不是他的狂傲，毋寧是他對於什麼是「通史」，提出了當時系裡其他人沒想到的深刻認識。

用原來的方式教的，是「簡化版中國史」，不是「中國通史」。「中國通史」的關鍵，當然是在「通」字，而這個「通」字顯然來自太史公司馬遷的「通古今之變」。司馬遷的《史記》包納了上下兩千年的時代，如此漫長的時間中發生過那麼多的事，對於一個史家最大的挑戰，不在如何蒐集兩千年留下來的種種資料，而在如何從龐大的資料中進行有意義的選擇，從中間選擇什麼，又放棄什麼。

關鍵在於「有意義」。只是將所有材料排比出來，呈現的勢必是偶然的混亂。許多發生過的事，不巧沒有留下記錄資料；留下記錄資料可供後世考索了解的，往往瑣碎零散。更重要的，這些偶然記錄下來的人與事，彼此間有什麼關聯呢？如果記錄是偶然的，人與人、事與事之間也沒有什麼關聯，那麼知道過去發生了什麼事要做什麼？

史家的根本職責就在有意識地進行選擇，並且排比、串聯所選擇的史料。最簡單、最基本的串聯是因果解釋，從過去發生的事情中去挖掘、去探索「因為／所以」：前面有了這樣的現象，以至於後來有了那樣的發展；前面做了這樣的決定，導致後來有了那樣的結果。排出「因為／所以」來，歷史就不再是一堆混亂的現象與事件，人們閱讀歷史也就能夠藉此理解時間變化的法則，學習自然或人事因果的規律。

「通古今之變」，也就是要從規模上將歷史的因果解釋放到最大。之所以需要像《史記》那樣從文明初始寫到當今現實，正因為這是人類經驗的最大值，也就提供了從過往經驗中尋索出意義與智慧的最大可能性。我們能從古往今來的漫長時間中，找出什麼樣的貫通原則或普遍主題呢？還是從消化漫長時間中的種種記錄，我們得以回答什麼只有放進歷史裡才能回答的關鍵大問題呢？

這是司馬遷最早提出的「通古今之變」理想，這應該也是錢穆先生堅持一個人從頭到尾教「中國通史」的根本精神價值來源。「通史」之「通」，在於建立起一個有意義的觀點，幫助學生、讀者從中國歷史中看出一些特殊的貫通變化。這是眾多可能觀點的其中一個，藉由歷史的敘述與分析能夠盡量表達清楚，因而也必然是「一家之言」。不一樣的人研究歷史會看到、凸顯不同的重點，提出不同的解釋。如果是因不同時代、不同主題就換不同人從不同觀點來講，那麼追求一貫「通古今之變」的理想與精神就無處著落了。

3

這也是我明顯自不量力一個人講述、寫作一部中國歷史的勇氣來源。我要說的，是我所見到的中國歷史，從接近無窮多的歷史材料中，有意識、有原則地選擇出其中的一部分，講述如何認識中國歷史的一個故事。我說的，只是眾多中國歷史可能說法中的一個，有我如此訴說、如此建立「通古今之變」因果模式的道理。

這道理一言以蔽之，是「重新認識」。意思是我自覺針對已經有過中國歷史一定認識的讀者，透過學校教育、普遍閱讀甚至大眾傳媒，有了對中國歷史的一些基本常識、一些刻板印象。

我試圖要做的，是邀請這樣的讀者來「重新認識」中國歷史，來檢驗一下你以為的中國歷史，和事實史料及史學研究所呈現的，中間有多大的差距。

也就是在選擇中國史敘述重點時，我會優先考慮那些史料或史學研究上相當扎實可信，卻和一般常識、刻板印象不相合甚至相違背的部分。這個立場所根據的，是過去百年來，「新史學」、西方史學諸方法被引進運用在研究中國歷史所累積的豐富成果。但很奇怪的，也很不幸的，這些精采、有趣、突破性的歷史知識與看法，卻遲遲沒有進入教育體系，沒有進入一般人的歷史常識中，以至於活在二十一世紀的大部分人對中國歷史的認識，竟然都還依循著一百多年前流通的傳統說法。「重新認識」的一個目的，就是用這些新發現、新研究成果，來修正、挑戰、取代傳統舊說法。

「重新認識」的另一個目的，是回到「為什麼學歷史」的態度問題上，提供不同的思考。學歷史到底在學什麼？是學一大堆人名、地名、年代，背誦下來在考試時答題用？這樣的歷史知識，一來根本隨時在網路上都能查得到，二來和我們的現實生活有什麼關聯？不然，是學用現代想法改編的古裝歷史故事、歷史戲劇嗎？這樣的歷史，固然有現實連結，方便我們投射感情入戲，然而對於我們了解過去、體會不同時代的特殊性，有什麼幫助呢？

在這套書中，我的一貫信念是，學歷史最重要的不是學 What ——歷史上發生了什麼，而是更要探究 How and Why ——去了解這些事是如何發生的、為什麼會發生。沒有 What 當然無從解釋 How and Why，歷史不可能離開事實敘述只存在理論；然而歷史也不可以、不應該只停留在事實敘述上。只敘述事實，不解釋如何與為什麼，無論將事實說得再怎麼生動，畢竟無助於我們從歷史而認識人的行為多樣性，以及個體或集體的行為邏輯。

藉由訴說漫長的中國歷史，藉由同時探究歷史中的如何與為什麼，我希望一方面能幫助讀者梳理、思考今日當下這個文明、這個社會是如何形成的；另一方面能讓讀者確切感受到中國文明內在的多元樣貌。在時間之流裡，中國絕對不是單一不變的一塊，中國人、中國社會、中國文明曾經有過太多不一樣的變化。這些歷史上曾經存在的種種變貌，總和加起來才是中國。在沒有如實認識中國歷史的豐富變化之前，讓我們先別將任何關於中國的看法或說法視為理所當然。

4

這是一套一邊說中國歷史，一邊解釋歷史知識如何可能的書。我的用心是希望讀者不要只是被動地接受這些訊息，當作是斬釘截鐵的事實；而是能夠在閱讀中主動地參與，去好奇、去思考：我們怎麼能知道過去發生了什麼，又如何去評斷該相信什麼、懷疑什麼？歷史知識的來歷常常和歷史本身同樣曲折複雜，甚至更加曲折複雜。

這套書一共分成十三冊，能夠成書最主要是有「敏隆講堂」和「趨勢講堂」，讓我能夠兩度完整地講授中國通史課程，每一次的課程都前後橫跨五個年頭。換句話說，從二〇〇七年第一講開講算起，花了超過十年時間。十年備課、授課的過程中，大部分時間用於消化各式各樣的論文、專書，也就是關於中國歷史的研究，並努力吸收這些研究的發現與論點，盡量有機地編組進我的歷史敘述與討論中。明白地說，我將自己的角色設定為一個勤勞、忠實、不輕信、不妥協的二手研究整合者，而不是進入原始一手材料提出獨特成果的人。也只有放棄自己的原創研究衝動，虛心地站在前輩及同輩學者的龐大學術基礎上，才有可能處理中國通史題材，也才能找出一點點「通」的心得。

將近兩百萬字的篇幅，涵蓋從新石器時代到辛亥革命的時間範圍，這樣一套書，一定不可避免地含夾了許多錯誤。我只能期望能夠將單純知識事實上的「硬傷」降到最低，至於論理與解釋帶有疑義的部分就當作是「拋磚引玉」，請專家讀者不吝提出指正意見，得以將中國歷史的認識推到更廣且更深的境界。

第一講

蒙古帝國的全貌

01 元朝：對中國文化最陌生的朝代

對於元朝歷史的認識，我們一直背負著從清末以來極為發達的「民族史學」所帶的偏見，從中國文化、漢文化本位，尤其是強調中國文化、漢文化強大涵化力量的角度來看這段歷史。

這項偏見凸顯的是外來民族文化程度較低，雖然憑著強大武力進入中國，後來卻都被中國文化、漢文化同化了。也就是征服者無法維持其優勢，反而成為實質上的被征服者。

我們可以理解、也可以同情這種態度的來源。受到西方帝國主義以各種方式侵略、壓迫，中國不只是喪失了利權，更喪失了尊嚴，因而期望能夠從歷史中重建信心。如果歷史上每個欺壓中國的外來勢力後來通通在文化上臣服於中國，那麼可以將現實進行相同的投射，預言這些「洋鬼子」終將得到一樣的結果。

當然，如果完全沒有歷史事實的支撐，單純靠信念去建立這樣的史觀，也不可能成功。民族史學有清朝為其最主要的根據。滿洲人入關、統領新的朝代，才沒多久，到康熙皇帝時，就表現出明顯的漢化跡象。對於中國傳統知識的吸收和理解上，康熙比明朝絕大部分的漢人皇帝都要強得多。

再往前溯，和南宋對峙的金朝、被金朝滅亡的遼朝，還有南北朝時的北魏，都有極其醒目的漢化過程，都發生了草原文化與漢文化衝突的情況，也幾乎都遭遇到漢文化壓過草原文化，導致朝廷分裂的困擾。

看這幾個王朝，的確可以得出看起來像是歷史的通則——外族帶著原有的風俗習慣和價值觀進入中國，時間一久，他們就紛紛放棄自己的文化，有意識地、甚至熱情急切地吸收中國文化。但問題在於，這項「通則」不是真正的通則，歷史上有例外，而且是很明顯的例外。要建立這項「通則」，主張這樣的變化是固定、必然的，就非得忽視、否認，或掩蓋、扭曲例外不可。

蒙古人和他們所建立的王朝，就是最明顯、最大的例外。他們是來到中國建立王朝的外族中，對中國文化最陌生，停留在中國的時間中漢化程度最低的。抱持民族史學的態度，我們會未經檢驗地將蒙古視為和鮮卑、契丹、女真等族一樣，那麼對元朝的認識就會出現很多闕漏。

02 不和漢人分權，「小根腳難登白玉堂」

因而讀元史，重要的起點是暫時將民族史學中這種「所有外族最後都成為文化上的中國人」偏見放一邊，盡量客觀地檢驗史料，尤其是遇到傳統上聲稱漢化重要現象的人與事。

例如，在民族史學的偏見下，忽必烈會被特別凸顯出來，作為漢化的關鍵人物，等同於北魏孝文帝。確實，元朝是由忽必烈建立的，他周圍也有較多重要的漢人謀士提供意見。從中國歷史上看，他是「元世祖」，但這樣的封號與地位，不應該遮蔽另一項事實，那就是忽必烈同時是、也一直是「蒙古帝國的大汗」。他的「大汗」頭銜從來不曾被中國的「皇帝」尊號所取代。

從元世祖到元朝最後一任皇帝元順帝，這段時間中每一位統治中國的蒙古領袖，都同時是蒙古大汗。他們去世之後，除了中國式的諡號、廟號之外，都還有蒙文的尊號。忽必烈的蒙文尊號用漢文音譯是「薛禪」；在他後面的元成宗，蒙文尊號則是「完澤篤」。我們認為的每一位「元朝皇帝」，他們主要的身分是「蒙古大汗」。

蒙古觀念中的「漢法」，從來沒有成為元朝統治的核心制度，頂多是制度中的一半，和「蒙法」雙軌並行。王朝最基本的制度辦法，還是依循蒙古習慣。例如中文裡譯作「怯薛」的，是蒙古游牧文化中上、下代傳承的關鍵機制，進入中國後並沒有改變。

蒙古人將重要氏族的子弟分派到「怯薛」，那既是軍事單位，同時又是訓練與教育的單位。「怯薛」主要任務是宮殿護衛，但也負責皇帝的車馬、飲食、冠服等生活事務，並有機會出任使臣或入仕當官，是侍奉內廷權力者的特權集團。大部分的蒙古子弟是在「怯薛」中成長，接受基礎的教育與訓練，並且培養為團隊中的一分子。在這樣的單位中成長，他們很少有機會接觸漢文化，從語言到行為都保留了強烈的蒙古個性。

會受到漢文化影響的，只有屬於統治王室的親族子弟，他們不進入「怯薛」，而是受蒙文、藏文、漢文並行的教育。整個元朝九十多年時間，政治上始終堅持身分制，要想進入官僚體系，首先必須考究種族身分。當時的俗語說：「小根腳難登白玉堂。」[1]「根腳」指的就是出身，出身不高就別妄想在朝廷中升到多高的位置、得到多好的待遇。

為什麼如此強調「根腳」？就是因為他們不要漢化、拒絕漢化，要堅持蒙古人的少數統治，不和多數漢人分享政治權力。拋開原本的成見，我們就會看到：蒙古和女真、契丹很不一樣，並沒有出現進入中原愈久就漢化愈深的現象。

1 出自元代張可久小令〈水仙子・歸興〉：「淡文章不到紫薇郎，小根腳難登白玉堂。遠功名卻怕黃茅瘴。老來也思故鄉，想途中夢感魂傷。雲莽莽馮公嶺，浪淘淘揚子江，水遠山長。」

03 阿拉伯人記憶中的蒙古戰士

幫助我們擺脫偏見，更能夠看清楚蒙古史實的重要因素，是存在著許多中文以外的史料可供對比。

二〇〇三年發生的世界大事，是美國發動第二次波灣戰爭，出兵攻打伊拉克。美國積極準備出兵時，半島電視臺播放了賓拉登談話的影片。影片中主要是譴責美國，其中有一段話，賓拉登提到了一九九〇年老布希擔任美國總統時的第一次波灣戰爭，當時的國防部長就是二〇〇三年美國副總統錢尼，當時的三軍聯席會議主席，等同於參謀總長的，就是二〇〇三年美國國務卿鮑爾。賓拉登特別指名道姓地指責這兩個人，說他們派兵入侵巴格達，對巴格達造成的破壞、傷害遠大過 Hulagu。

賓拉登的話說得很快，一下就帶過去了，但在美國卻引發了困擾，Hulagu 是什麼？為什麼將錢尼、鮑爾和 Hulagu 相比呢？

Hulagu 有另一種拼法，是 Hülegü，就是中文裡的「旭烈兀」。美國人不熟悉，但賓拉登透過半島電視臺說給阿拉伯人聽時，他認定阿拉伯人都知道，因為那是他們歷史常識中的一部分。

在阿拉伯人的集體意識中，旭烈兀給他們留下了強烈的印象、深遠的記憶。

於是我們知道，應該要到阿拉伯的史料中去尋找和旭烈兀有關的記錄，我們也的確可以從阿拉伯的史料中找到很多重要的訊息。他們對蒙古人留下最深刻的印象，是蒙古人帶著眾多牲口同行。這項特性相對在中國的記錄中沒有那麼突出，因為蒙古人進入中國的顯目破壞，來自於大量的攻城機具。然而阿拉伯的史料讓我們明白，蒙古人運用的獸力規模，震撼了同樣具備和牲口共處豐富經驗的民族。

蒙古人帶來了難以計數的牛隻，還有比牛隻更多的馬匹。蒙古騎士的人數往往還少於馬的數量，也就是騎一匹馬，同時還拉著另一匹、甚至幾匹馬。長途跋涉或激烈戰鬥中，一匹馬倒下去了，蒙古騎士卻不會落地，可以迅速換上另一匹馬，繼續前進或繼續攻擊。牛和馬可以運載較重的物資，包括他們在中國學會建造的大型攻城機具，能夠移動很長遠的距離。

巴格達的圍城記錄中提到了蒙古人來襲的恐怖經驗，其中包括我們今天很難想像的聲音帶來的震撼。蒙古人還在大老遠、巴格達守城者的箭還射不到的距離之外，就先傳來了聲音，主要是牲口運動和嚎叫的聲音。這些聲音很快地籠罩了城牆周圍，使得守衛們在守城的過程中，鄰兵之間都無法交談，遑論在幾公尺外傳達命令了！

也是透過阿拉伯人的記錄，可以明瞭蒙古人的一些特殊專長。他們和牲口間的關係極為密切，所到之處令人難忘。草原上不容易有固定的飲水供應，但對蒙古人來說，牲口就是他們主要儲水和大量儲水的工具。有水的地方，讓牲口喝足了水，一般在路上，蒙古人最常飲用的不是水，而是馬奶。還有，當時讓阿拉伯人聞之色變的一個字叫做kumis，指的是用馬奶釀成的酒。當蒙古人集體狂飲，大喊「kumis! kumis!」，喝到一定程度就紅眼要殺人了。

馬奶是蒙古人最主要的飲品，馬奶酒是他們生活上最主要的享受，而他們在戰場上還有另一項其他軍隊不會有的優勢，也來自於馬。如果缺水乾渴時，他們就將馬殺了，直接喝馬血。據說馬血的味道很恐怖，馬奶酒也不是一般人能接受的，而蒙古人卻能如此將生活與戰鬥條件密切配合起來。

除了馬之外，最重要的負重動物是牛；還有蒙古人的主要食物，那是羊。就連他們使用的武器，都和這些動物有著特殊關係。他們懂得如何運用牛皮造出驚人的弓箭。蒙古人在草原上最鮮明的形象就是騎馬彎弓，他們使用的是「複合反曲弓」，弓臂以木材、牛角、動物肌腱等複合材質製成，將掰彎的材料朝反向再彎折一次，創造出極大的拉力，有效射程可達三百多公尺。

他們另外有就算是大力士也沒辦法一個人彎的弓，通常至少要合兩人之力，才彎得了這種戰鬥弓。所以真正在攻伐過程中，通常要先準備好幾面彎好的弓，戰士所要做的不是彎弓，毋寧是放弓，也就是將箭搭上去，瞄準後將卡住滿弓的機制放開，箭就勁射出去。然後放過箭的弓由專人負責合力再將弓張滿。這樣的弓箭產生的勁道，遠超過阿拉伯世界原本所認識的，自然為蒙古人帶來巨大的戰力，還有驚嚇的效果。

04 蒙古人的作戰工藝與屠城傳言

我們現在很難依照文獻記錄，尤其主要是對手留下來的資料，復原蒙古人在作戰方面的工藝技術。依照記錄，蒙古人的弓那麼緊，產生驚人的彈射力量，但他們的箭搭上弓弦處所使用的箭尾扣（notch），竟然可以做得比阿拉伯人使用的更細。他們使用的是什麼材質？以什麼祕訣做到？阿拉伯人無從知曉。

我們能知道的是這種情況下產生的實際作戰效果。蒙古人的箭尾扣比較小，意味著阿拉伯人若在戰場上撿到了蒙古人的箭，也沒辦法搭上自己的弓再射出去。倒過來，蒙古人撿到阿拉伯人的箭，就沒有這個問題，隨手就可以搭上自己的弓，用那超級強力的弦再射回去。一來一往，在關鍵武器的供應上，阿拉伯人立即輸了一大截。

類似的由牛皮精煉產生的巨大彈力，也運用在攻城機具上，尤其是射火球的機器。今天我們覺得很簡單，放一個彈簧，彎折到底，再放鬆開來，擺放在棍桿前端的火球就會飛出去，可以越過對方的高牆。不過認真想一下，就知道沒有那麼簡單，沒有那麼理所當然。

要如何產生能讓火球飛上天的巨大彈力？不可能用鐵或其他堅硬材質去彎折彈簧，那時候還沒有這樣的鍛造技術，而且需要的製造條件也太複雜了，超過草原民族所能齊備的。仍然是依據阿拉伯人的記載，蒙古人帶來的投射器，射程大約是兩千五百步，換算起來差不多是一千五百公尺。遠在一公里半以外，蒙古人就可以展開他們的攻擊，靠投射器射出火球、石頭。守城這方還拿他們沒有任何辦法時，蒙古人已經能給城牆上、甚至城內的人帶來傷害。

這些技術，我們只能推斷，應該是在和牲口密切共存的情況下，找到了特殊處理牛皮或其他動物材料的突破方法。

龐大的牲口群落，不能離開牲口的生活方式，使得蒙古帝國有其根本的限制。最大的限制在於季節，蒙古人只能在春、秋之間，一年之中大約半年相對較為暖和的氣候下，才能驅動大批動物，讓牲口能夠沿途放牧、就食。而他們最怕的、最難克服的，則是寒冷的冬天。

倒過來從可能被蒙古攻擊的人們的角度看，那麼最可怕的時節就變成了秋末。這段時間已經過了移動期，蒙古人必須準備過冬，常常會選擇打下一座城來居留。前面提過蒙古人有固定的習慣，如果是圍城後攻破城池，就會在城內大肆屠殺；但如果對方不抵抗，爽快投降，蒙古人進城後相對也會寬大以對。有著這樣的習慣，又有了遠播的名聲，關於蒙古人屠城的傳言說得極其殘酷恐怖。歐洲史料中留下了許多故事，許多人異口同聲地表示蒙古人不是一般所看到的那種人，他們的身體看起來是人，但身體之上長的卻是狗頭，嘴巴張開就露出銳利的牙齒，一口可以吃掉一個人。

不管如何言之鑿鑿，當然可以確定這是誇大的傳言。但另外有些記錄，就沒有那麼容易分辨真假了。有一份一二四六年左右的資料，是由一位聖方濟各會的修士寫下來的。他來到蒙古境內，描述蒙古人攻打金朝時，圍城拖了很久時間，城內固然缺乏食物，城外也沒好到哪裡去，但蒙古人拒絕撤退，那怎麼辦？就從軍隊中每十個人找一個人殺了，當作其他人的食物！[2]

類似的故事在阿拉伯和歐洲地區大量流傳，相當程度上也助長了蒙古人征伐的進展。當季節來臨時，蒙古人只要稍有動作，在他們攻擊範圍內的人們就必須決定是否要反抗，而顯然很大比例會選擇投降，以避免可怕的屠殺降臨到自己身上。

2 可參耿昇、何高濟譯，《柏朗嘉賓蒙古行紀　魯布魯克東行紀》（北京：中華書局，二〇一三年）。

05 旭烈兀對伊斯蘭世界的進襲

會有一二四六年的修士記錄，也告訴了我們蒙古人和宗教間的關係。蒙古人原有的信仰是薩滿教，部落裡有巫。巫可以藉由儀式公開地超離現實，進入另一個空間領域，因而地位很高。

元朝統治期間，承襲了中國祭天時運用的文辭，然而主持祭天儀式的又是傳統的巫。儀式的中心是巫，但過程中使用的是漢文，留下的記錄也是漢文，這就是蒙古人特有的混合風格，只有皮毛、形式性的漢化。蒙古人不會輕易放棄自身的傳統。

蒙古在擴張過程中遭遇了各種文化，當然也遭遇了各種宗教。在宗教態度上，蒙古人相當寬容，能夠包容、尊重大部分的宗教。影響所及，蒙古人的宗教信仰也就呈現混雜的狀況，讓各種宗教在元朝時紛紛進入中國。原先的薩滿教還在，接著有藏傳佛教，也就是俗稱的喇嘛教。然後又有景教（Nestorianism），這是基督教在西域流行的一個分支。再來義大利的天主教也隨蒙古帝國的擴張來到中國，所以會有馬可・波羅（Marco Polo, 1254-1324）和他所留下的寶貴記錄，證明了元朝和羅馬教廷間的直接往來關係。

另外絕對不能遺漏的是伊斯蘭教。蒙古帝國中有很大一塊區域，如阿拉伯地區，其人民是信仰伊斯蘭教的。旭烈兀的母親是景教徒，因此在他領軍西征、進入波斯境內時，他善用了這項宗教背景，拉攏基督徒來對抗穆斯林。

旭烈兀是蒙哥的六弟，在一二五三年蒙哥汗時期展開西征，目標是西亞的木剌夷國和阿巴斯王朝。關鍵的戰役發生在一二五七年秋末，他進軍阿巴斯王朝的首都、也是伊斯蘭教的重要中心巴格達。這場由秋至冬的圍城戰役中，有記錄顯示他得到了一支援軍，那是從中亞喬治亞來的騎兵，是一群基督徒。巴格達是伊斯蘭哈里發的御座所在，哈里發則是穆罕默德傳下來的伊斯蘭教統治者。

關於圍攻巴格達的蒙古軍規模，留下了不同的記錄，最少的數字是十萬，最多的是八十五萬。這批驚人的遠征軍，具備運動和機械上的優勢，再加上來自喬治亞的增援，巴格達勉強撐到第二年年初，二月就城破陷落。

伊斯蘭教是個複雜的宗教，和基督教一樣，都不只是宗教，更在宗教之上建造了一個文明。伊斯蘭有著發達的城市與商業文化，其宗教原本便是沿著城市傳播、壯大的。一般印象中，形容伊斯蘭教徒是一手拿著《可蘭經》、一手拿著彎刀；然而歷史上更真切、更普遍的現象，恐怕是他們一手拿著《可蘭經》、一手拿著錢幣吧！

伊斯蘭教發展到哪裡，通常那裡就有漂亮的城市，和當時仍處於中古時期的歐洲相比，伊斯蘭地區遠遠更繁榮、富裕、精美。十字軍東征原先出於宗教的理由前往伊斯蘭地區，剛到的歐洲人幾乎都被所見的城市景觀眩惑了，在大受衝擊的情況下，將許多知識與技術帶了回去，才開始了歐洲的文藝復興時代。

穆斯林善於建造城市，巴格達又是他們最重要的城市，但自從被蒙古人攻陷後，就再也沒有人能見證、能知道這座城市究竟有多美麗了。據記載，蒙古人進城後第四天，底格里斯河水就淤塞不流動了。底格里斯河是條大河，依照我們讀中國歷史形成的印象，自然會猜想那是因為太多屍體被投入河中了吧！不過，蒙古人不會將屍體投入水中，他們來自大漠，價值觀中認定水很珍貴，不能任意汙染。那是什麼阻塞了底格里斯河的河水呢？是蒙古人完全不了解其價值的巴格達圖書館（「智慧宮」）裡的書，全被他們丟進河裡了。

從文明的角度看，這是既驚人又令人遺憾的記錄，顯然巴格達當時擁有豐富的藏書，裡面保存著上千年的文字，各式各樣的文學、哲學、醫學及科學等知識。這樣的智慧寶藏需要很久的時間、有意識的持續努力才能累積起來，卻在蒙古人手中一下子就輕易毀滅了。城市文化要再重建，需要漫長的時間，至於那樣一座圖書館，則再也無法復原，從此消失了。

06 伊兒汗國和金帳汗國的信仰武裝衝突

巴格達陷落後，當時的哈里發被蒙古人抓住了。關於他的下場，有兩種不同的記錄。一個說法是，旭烈兀將他留在皇宮裡，到了該吃飯的時間，就叫人送一盤黃金給他。飢餓的哈里發說：「黃金又不能吃，給我黃金幹嘛！」旭烈兀就說：「那你留那麼多黃金做什麼？」哈里發回答：「是阿拉要我留的。」旭烈兀說：「那就看看阿拉是不是能叫你吃黃金。」於是讓哈里發每天看著他的黃金而活活餓死。

另一個說法應該比較接近事實，因為符合蒙古的習俗。有人警告旭烈兀，殺死哈里發會帶來災厄，所以就將他監禁了很長一段時間。最後旭烈兀想出了一個方法，將哈里發裹在毛毯裡，讓他看不見天，也讓天看不見他，再縱馬反覆踩過他的身體，將他殺了。

在記錄上，還有一個人以同樣的方式被行刑，那就是成吉思汗的「安答」札木合。這意味著蒙古有這樣的習俗，如果被處刑的人有很高的地位，但又非得殺他不可，就安排用這種方式，讓天看不見、人也看不見他受刑死去的慘狀，而仍然維持了公開處刑的懲罰。

打下巴格達，將波斯地區大致控制住了，旭烈兀並沒有要停下來。後來之所以形成這塊伊利汗國（或譯伊兒汗國）的疆域，不是他的選擇。攻下巴格達之後，旭烈兀進軍敘利亞的阿育布王朝，期間得知蒙哥汗去世，便決定東返波斯，命令大將怯兒不花繼續征服敘利亞，又朝埃及進發。然而也許是巴格達圍城與屠城的情況太慘烈了，據說過程中死了二十萬巴格達人（《新元史》甚至說八十萬人），於是在蒙古軍隊到來前，埃及的馬穆魯克王朝蘇丹進行了全面防禦準備，動員了一支奴隸組成的軍隊，在阿音札魯特（位於巴勒斯坦）成功地阻擋了怯兒不花的進攻。

不過真正讓西征受阻、無法再繼續向埃及發動攻勢的是另一邊的變化。進入今天亞塞拜然地區的蒙古軍隊，竟然遇到了前所未有的強悍抵抗。什麼人有能力抵抗蒙古人？答案是另一支蒙古軍隊。伊兒汗國的軍隊遇到從金帳汗國（即欽察汗國）派來的軍隊，帶領的人是別兒哥汗。

蒙古人在中亞的內鬨，中國史料上不見記載，可能是因為距離太遠了吧。內鬨的主因就是旭烈兀攻打巴格達，尤其是殺死哈里發的作為，引發了身為伊斯蘭教徒的別兒哥汗強烈的不滿。也就是說，到這個時候，蒙古帝國內的兩個汗國，分別信仰兩種不同的宗教，因為基督教（或景教）和伊斯蘭教的信仰衝突，引發了在亞塞拜然的武裝戰鬥。

因而金帳汗國和伊兒汗國的分立，也彰顯著宗教上的差異，北邊主要屬伊斯蘭教，南邊則屬基督教的範圍。

在那個時代，除了蒙古人，全世界沒有人能阻擋得了蒙古人的攻擊。被另一支蒙古軍隊糾纏住了，旭烈兀的征伐腳步才停下來。

07 蒙古帝國的統治、瓦解與歷史遺產

蒙古帝國一直都是個傳統帝國，不是十九世紀歐洲興起的帝國主義式的帝國。傳統帝國的領土範圍很大，境內涵蓋了許多不同的民族，統治上並沒有要將這些帝國的子民進行同化，而是視其不同的民族、語言、生活習慣為理所當然。帝國所進行的是低度的統治，也就是不要求任何心理層面的認同，只要有表面的臣服與實質的經濟供奉就可以了。

在這個架構下，中國元朝和其他汗國的情況沒有根本差異，只是在地位上有所不同，是蒙古大汗所在之處，也接近蒙古人崛起的草原。但蒙古人的政治觀念和政治制度並沒有漢化。例如中國的王朝最重視的皇位繼承制度，絕大部分時間，嫡長子繼承制被視為最理想、最有道理的一種方式。然而蒙古人進入中國，將近百年的元朝，連這最基本的皇位繼承方式都沒有漢化。進入中原時，是由忽里勒台會議決定帝國權力由誰來繼承；直到他們離開中國、退回大漠，忽里勒台的部落集體領導形式仍然存在。

當帝國統治者活著時，沒有人能確定誰會是他的接班人；等他死了，和他的葬禮同等重要的，就是必須召開忽里勒台會議。忽里勒台會議保留了部落共同決議的形式，也保留了每當大汗

去世時，各汗國領袖必須齊聚開會的最低度統治約束。汗國擁有很大的自主權力，汗國內部也是高度分權的，大汗不可能干預。龐大的蒙古帝國得以維持，最終就是靠著忽里勒台會議和傳統的大汗繼承制度。

再者，終元朝之世，每一位皇帝，也就是每一位蒙古帝國的大汗，都沒有葬在中國。他們去世之後就歸葬草原，而且是祕葬，從來沒有使用中國式的葬禮，更沒有興建過中國式的皇陵。二〇〇六年，成吉思汗建國八百週年紀念時，蒙古國發動的一項關鍵專案，就是要確定成吉思汗究竟葬在哪裡。

綜合各方史料，我們大致可以掌握蒙古人在十三世紀興起的特殊條件；另一方面，也同時可以理解這個帝國到十四世紀沒落的主要原因。

首先，透過蒙古人自己創造的帝國龐然大物，克服了原本的地理距離限制，將火藥的運用傳到歐洲去。這一百多年間，伊斯蘭與歐洲地區的技術成長遠遠超過了蒙古。歐洲人終於迎頭趕上，取得足以在軍事上對抗蒙古人的能力。

其次，在宗教自由的原則下，愈來愈多在草原上或居住在中國的蒙古人接受了藏傳佛教。喇嘛教比中國文化更有效地轉化了蒙古人。他們在動員、戰爭、殺人等各方面的態度，都受喇嘛教影響而有所改變，不再是以前那樣強悍且習於戰爭屠殺的民族。

從精神上到技術上的雙重優勢都瓦解了，本來就是依靠快速打擊與殘酷破壞產生的威嚇來進行統治的帝國，當然再也維繫不住了。

蒙古帝國留下了許多特殊的影響，包括出現了「蒙古人種」。蒙古人從崛起到統治的過程中，從草原帶來的除了屠殺習性之外，還有搶奪他族女人的習慣。蒙古男人以武力能搶到多少女人就盡量搶奪，如此產生了大量帶有蒙古血統的後裔，散布在廣大的帝國疆域中。

同樣是在成吉思汗建國八百年的相關紀念活動中，一位英國牛津大學具有阿拉伯血統的基因學教授進行了大型的研究。他在昔日蒙古帝國的統治區域內進行抽樣，查看男性的Y染色體中的一個遺傳成分。比對之後發現，樣本中有高達八分之一的男性，很可能有著同一位男性祖先。這個眾人共祖，很可能就是成吉思汗。

換另一個角度說，根據這樣的統計，成吉思汗留下來的子孫，即血緣上可以上溯到成吉思汗的，在當今世界上可能高達一千六百萬人！

這是蒙古人及其蒙古帝國另外一項不容忽視的歷史遺產。

08 拉近南北差距，分裂到統一的調整期

被劃入蒙古的疆域中，成為蒙古帝國的一部分，幾件事情深刻地影響了中國。

首先，蒙古人將長期分裂的中國南北統一了。自遼朝壯大之後，經歷了金朝，北方長期有部分領土和南方分屬不同政權。而金朝和南宋的對峙，也給北方帶來很大的傷害。北方的經濟生產條件本來就比較差，經過戰亂，再加上因為分裂而無法和南方有效地進行交換，使得南北的差距愈拉愈大。

宋朝以降，中國近世史的突出現象，包括城市的發展、交通運輸的便利、範圍更廣大的市場網絡、市民文化的形成等等，都在南方獲得長足的進步。以至於到了明代，出現全國性經濟體系的大幅改造，有了特殊的「資本主義萌芽期」。然而如此重大且劃時代的變化，並不是平均發生的，有著地理分布的不同。

南宋持續朝向更成熟的近世經濟與社會狀況進化，而北方在金朝統治下，很多方面卻是倒退的。工匠技術上，從採礦、煉金、鑄鐵到其他工藝產品，都比之前粗糙、簡略。交通與城市基本上停留在北宋時的水準，而北宋最繁榮的都城汴京，當然也相形退化，不復能維持孟元老在《東

京夢華錄》中所記錄的熱鬧華麗，充滿著節慶享受。

逐漸地，在物質等基礎條件上，南、北進入了兩種不同的時間，一邊快速進步變化，一邊呈現停滯，甚至在很多方面保持不住原本北宋的狀況，幾乎要退回中古時期了。很明顯地，如果這種分裂繼續存在，後來明朝的繁盛是絕對不可能出現的。

蒙古人南下，統一了中國，在元朝近百年的時間裡，南北差距有效地被拉近了。這時有「道學」北傳的發展，朱熹及其門人在南方建立的強大知識與道德信仰體系，到元朝才打破了原先的南北藩籬，得以在北方流傳。換另一個方向，我們也看到北方所開展出的文學和表演新形式「諸宮調」，在元朝傳入南方，又在南北文人的投入與創新後，有了輝煌的元雜劇成就。

元朝是中國重新統一的調整時期，將南方的特色元素傳到北方，也將北方的送進南方。宋、金分裂晚期簡直快要成為兩種不同文明的變化得以終止，轉而朝向南北統合。

另外，在中國作為一個市場的發展上，元朝也影響很大。北宋雖然不斷擴張市場網絡，到了金朝，北方就中斷了。而蒙古人是個高度機動的民族，他們建立的驛站系統帶動了人與貨物的流通，藉著更有效的運輸網絡，重新將各個城市及城市周邊地區聯繫起來，鋪設了從區域市場到全國市場的條件基礎。

09 中國文化面臨「重新選擇」的自由

第二項重大影響，來自於異質、外來因素對傳統中國文化產生的刺激與挑戰作用。

過去任何時代都不曾有如此巨大的外來文化力量進入中國社會中。蒙古帝國帶來了各式各樣的人，各式各樣的新現象。十四世紀的《馬可．波羅遊記》大大有名，但在很長時間中，這本書的真實性受到高度質疑。

最大的質疑點，也使得要辯護其真實性的人不得不感到語塞的，是這本書中幾乎沒有出現任何漢人。遊記所記載的是一個義大利人來到中國的經驗，那怎麼會沒有一般認定的「中國人」？沒有寫中國人，沒有遇到中國人，我們怎麼能相信這個人真的到了中國？

到今天，馬可．波羅確有其人，遊記中所記大致為史實，已經不再如此被質疑。同時我們也就明白，在那個時代，蒙古人有自己的生活圈，有自己的社會活動，並不輕易和漢人混合。

蒙古帝國帶來了比唐朝更多的外國人，比唐朝更多元的異質文化。唐朝的「國際關係」還是以西域為主，在範圍上比元朝小多了。蒙古帝國不僅幅員廣闊，外國人也有高度動機來到中國，不論是政治的、商業的乃至社會的。例如，各汗國仍然以居住在中國的大汗為尊，政治上有需要來中國朝見大汗。來到中國的各方人士，會受到這裡的統治者禮遇，他們的宗教也可以在中國成立組織，受到尊重與保護。

這樣的環境對傳統中國文化產生的最大挑戰，就在於提供了前所未有的選擇可能。說明白一點，你有可以選擇不當漢人、不當中國人的自由與動機。在民族史學價值籠罩下，講元史很少講到漢人改換蒙古姓名的潮流，也很少講到元朝滅亡後出現的「元遺民」特殊現象——許多漢人，其中不乏讀書人，不願認同新成立的明朝，選擇繼續效忠元朝。

蒙古帝國下的元朝，提供了多元選擇環境。蒙古人可以選擇漢人的生活方式，倒過來，漢人也可以選擇信基督教或伊斯蘭教。中國人與中國文化面臨了「重新選擇」的自由與壓力。要還是不要繼續維持中國文化，繼續當中國人？為什麼非得選擇中國文化，不是轉而加入別的團體，過他們那種不一樣的生活？

出於對元朝的敵意，明朝流傳一個說法，形容蒙古人對傳統儒學的輕蔑與破壞——「九儒十丐」。[3] 也就是在元朝的社會階級中，儒者的地位只比乞丐高一點，甚至還不如娼妓。

3 「九儒十丐」的說法，見於兩位南宋遺民的著作，一是謝枋得的《疊山集》，一是鄭思肖的《心史》，說元朝時將人民劃分為十等：一官、二吏、三僧、四道、五醫、六工、七獵、八民（謝枋得言「七匠八娼」）、九儒、十丐。後世有學者認為《心史》可能是明人偽作。

這不是歷史的完整事實。元朝對待儒生，是建立了特殊的「儒戶」，將之視為一種行業，從事這個行業的人就取得了這個身分。這種身分和景教徒、基督教徒、穆斯林是平行並列的，視為一種應該被尊重的信仰。你可以選擇做「儒戶」，也可以選擇做「基督戶」（「也里可溫」）或「穆斯林戶」（「答失蠻」），各有其不同身分。當時歷史的確切狀態，是中國文化失去了必然地位，成為元朝提供給其子民的選項之一。

10 元朝的戶計制度和「菁英角色的擴散」

這就牽涉到第三項重大影響，也就是身分（或「根腳」）在蒙古統治的體制中很重要。於是從中古進入近世，中國已經退化、消失的身分制，在元朝又復活了。中國近世社會當然不是沒有階級，不是沒有出身差異，人類歷史上從來不存在那樣的社會；然而從價值信念上，即使不是現實，宋代的中國人基本上不會因為是什麼樣的出身，就被綁死在什麼樣的行業或階級裡，而失去改變行業或努力向上流動的機會。

但在元朝，蒙古人就是統治階級，漢人、尤其是本來屬於南宋子民的「南人」就注定是被統治階級，這從出身上就確定了，一直到元朝結束都沒有改變，也無法改變。就算認同蒙古人，改了蒙古姓名，在社會與政治體制上仍然無法改變出身所帶來的限制。

社會與政治體制上最重要的就是分戶，將所有的人都劃歸入特別的「戶」，也就是固定的職業項目中。「儒戶」就是以儒學或儒教為職業的專戶。不同時期，全國被分成三十到八十種不同的職業專戶。其身分是固定的，甚至是世襲的。當兵的是「軍戶」，管驛站的是「站戶」，工匠是「匠戶」，曬鹽的是「鹽戶」……，每個人屬於一種，不能交雜混搭，而且不能改變。一個「鹽戶」終生都是「鹽戶」，兒子也要當「鹽戶」。

身分決定了你能做什麼，身分更限制了你不能做什麼。朝廷裡有些官職一定要是「儒戶」才有資格擔任。元朝前期，科舉完全取消了，沒有這樣的晉身之道。後期恢復科舉，但能夠登科的人很少，因為可以開放而不用顧慮「根腳」的職位太少了。科舉的精神和嚴格的身分制基本上是牴觸的，很難有效並行。

元代張可久留下的小令詞說：「淡文章不到紫薇郎，小根腳難登白玉堂。」（〈水仙子・歸興〉）中國傳統價值要求下，文章寫不好就難以當官、難以高陞；但在新時代的新辦法中，如果缺乏對的身分，那麼當官的路也走不通。

由此連帶地形成了第四項重大影響，那就是士人的沒落。北宋歷史是以文人及文人文化為核心的，在「重文輕武」的國策下，士人產生了高度的自尊與自信，也就是高昂的「士氣」。這種狀況在元朝逆轉了。

當然，士人的能力、士人的自尊，不會那麼快就在元朝消失。尤其是南方，宋、元之際並沒有受到很大的破壞，還保留了士人文化的基本條件。而高度發展的士人文化，對於蒙古人、色目人也會有一定的吸引力，他們之中也有些人願意積極學習漢文、學寫漢詩或畫文人畫。但這樣的「漢化」，更確切的意義其實是「士人化」。這些人的身分仍然是蒙古人、色目人，他們絕對不會羨慕漢人身分，更不會讓自己被誤認為漢人。他們羨慕並想學習的，是士人文化的那種涵養與表現。

士人文化還在，但士人文化原先在宋朝的根據卻消失了。宋朝所有的士人都是官員或潛在的官員，士人團體和官僚人員基本上是二而一的。到了元朝，卻出現了很多不在官僚系統中、也就沒有了職業保障的士人。於是由這些人帶動，產生了牟復禮（Frederick W. Mote, 1922-2005）所說的「菁英角色的擴散」現象。

宋朝士人理所當然就是要服務朝廷，但到了元朝，朝廷不需要那麼多士人服務了，於是依舊具備士人本事與文人文化的這群菁英，就必須到朝廷之外去提供他們的服務。

為什麼會有《三國演義》、《水滸傳》這些經典小說出現？我們對羅貫中、施耐庵的生平所知不多，但他們都是活躍於元末的文人。那個時代，許多文人將本來在市井間流傳的說書、講古內容予以改造，添加了職業說書人講不出來的歷史、心理與社會等深度內容，故事雖然依循既有的說書習慣，精神上卻脫胎換骨，從淺俗的娛樂變成了文學。

還有本來在勾欄中演出的歌唱與戲劇，也在元代文人介入後，變成了形式井然、可以在劇本中發揮文學筆法的「雜劇」。本來作為文人意趣表現的文人畫，則增添了較為豐富的色彩、形體元素，開始在市場上賣給其他階層的人。

在宋代，說到「市井」，指的是和文人文化對比的、也是從文人角度看帶有貶意的詞語；然而到了元朝，「市井」與文人文化接觸、結合，不再是對立的。以牟復禮的概念，也就是本來小範圍的菁英文化，這時候擴散到「市井」了，把本來屬於「市井」，在「市井」活躍、流傳的各種形式，灌注了菁英的內容，或菁英的創造精神。

更進一步，也就為明代城市的新發展奠下了基礎，那就是文人文化與城市商業活動的密切結合。到了明代，有一個流行語叫做「無行文人」，表示他們有文人的本事，卻沒有文人的修養，也就是以文人本事拿到城市新興市場上去買賣的行為。「無行文人」的存在，「無行文人」說法的流行，見證了當時另一種「菁英角色的擴散」——本來只能「賣與帝王家」的本事，經過轉化之後，也可以在城市市場上買得到。

11 中國的「蒙古化」，改變文明的樣貌

過去民族史學最大的缺失，是將應該被探討的問題，卻先入為主地設為前提。認定了中華文化博大精深，中華民族有強大的文化力量，所以外族進入中國就一定會被同化。於是就不用再問：不同民族有不一樣的同化程度嗎？或是有不一樣的同化現象嗎？

蒙古人的漢化程度明顯低於之前的鮮卑人，低於同時代的契丹人、女真人，也低於後來的滿洲人，這是不應該被忽略、被混淆的事實。除此之外，擺脫了民族史學的偏見，我們就能清楚意識到，有另一個方向的重要問題必須認真叩問。

那就是當中國被編入蒙古帝國的一部分，成為蒙古帝國大汗的權力中心所在之地時，這樣一種全新的「帝國經驗」，對中國產生了什麼樣的影響？聽起來有點刺耳，但這個關鍵的歷史課題，正是要去看、去問這段時間裡中國「蒙古化」的程度與方式。

聽起來刺耳，因為我們太習慣假定這些異族從草原來，發展必定落後於農業地帶的中國，所以他們是「沒有文化」的。「沒有文化」的蒙古人，要如何讓中國「蒙古化」呢？

蒙古人原先或許並未發展出軍事能力以外的精巧文明，但別忘了，他們後來建立了一個空前

的大帝國。這個帝國不只面積廣大，更重要的是包含了許多高度發達的文明地區。有中國，更有伊斯蘭文化的核心區域。在元朝，「回回」這個詞，也就是對伊斯蘭的通稱，具備著特殊的知識意涵，如「回回數學」和「回回天文」傳入了中國。

旭烈兀曾經替一位「回回」天文學家在蔑剌哈（伊兒汗國都城，今伊朗馬拉蓋）蓋了一座有名的觀星所，也曾經考慮要將另一位他欣賞的「回回」天文學家指定為新的哈里發。蒙古人知道天文和數學的重要性，也在中國提倡天文和數學知識。

被納入蒙古帝國之中，改變了中國文明的樣貌——普遍的身分制，宗教地位提高，儒學、道學不過是諸多宗教中的一支，還有多種外來知識可供選擇。從史料上看，這不再是以前的那個中國了。

於是接下來應該要問的大問題，在過去的民族史學中同樣被忽略了，在民族史學的偏見下不存在，也無法問。這個雙重、連環的問題是：在蒙古帝國強大的衝擊改造下，有哪些力量或元素維持不變，能夠抗拒改變，或降低變化的程度？元朝結束之後，到了明代，又是什麼樣的過程，讓中國在相當程度上恢復了原來的面貌，竟然產生由宋到明的一體連續性，那些異質成分是如何被消化進來，或者更常見的，如何被排除出去？

離開民族史學的異族同化論，我們必須在中國歷史上認真探問可能的答案。

第二講

蒙古帝國的東方一部

01 從元朝世系表看出什麼端倪？

從中國歷史的角度看，元朝被視為和唐、宋、明、清同樣的「朝代」，接續前面的宋朝，然後被明朝所取代。但從蒙古史的角度看，那是龐大帝國聯盟的中心政權。要理解這段歷史，必須一直將這樣的雙重性放在心上。

我們來看一下左頁的這個世系表。

開創元朝的是世祖忽必烈，第一代的皇帝，他的皇太子是真金（Cinkim），但真金沒能接續他的皇位即過世。第二位皇帝是真金的小兒子，也就是忽必烈的孫子，叫鐵穆耳（Temür），他是成宗，另有蒙古尊號叫完澤篤（Öljeytü）。第三位皇帝是真金的孫子，不過是他的二兒子答剌麻八剌（Darmabala）的兒子，那是武宗海山（Khayishan）。第四位皇帝則是武宗的弟弟愛育黎拔力八達（Āyurparibhadra），中文廟號是仁宗。

第五位皇帝是愛育黎拔力八達的兒子，叫碩德八剌（Šudibala），也就是英宗。第六位皇帝卻不在這個支脈上，換到真金的大兒子甘麻剌（Kammala）這一支，由甘麻剌的兒子，也就是和第三、第四任皇帝同輩，真金的另一個孫子也孫鐵木兒（Yesün Temür）擔任，他是泰定帝。再

元朝世系表

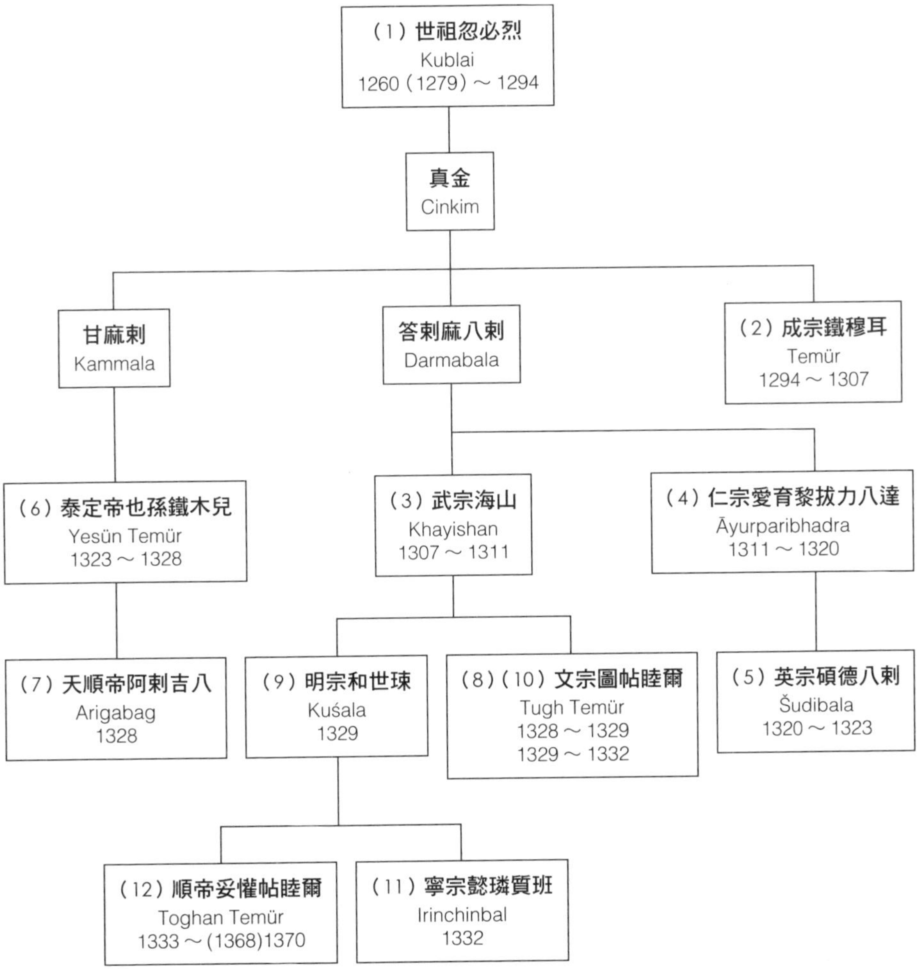
（1）世祖忽必烈
Kublai
1260（1279）～1294
真金
Cinkim
甘麻剌
Kammala
答剌麻八剌
Darmabala
（2）成宗鐵穆耳
Temür
1294～1307
（6）泰定帝也孫鐵木兒
Yesün Temür
1323～1328
（3）武宗海山
Khayishan
1307～1311
（4）仁宗愛育黎拔力八達
Āyurparibhadra
1311～1320
（7）天順帝阿剌吉八
Arigabag
1328
（9）明宗和世㻋
Kuśala
1329
（8）（10）文宗圖帖睦爾
Tugh Temür
1328～1329
1329～1332
（5）英宗碩德八剌
Šudibala
1320～1323
（12）順帝妥懽帖睦爾
Toghan Temür
1333～(1368)1370
（11）寧宗懿璘質班
Irinchinbal
1332

來第七位皇帝是也孫鐵木兒的兒子，叫阿剌吉八（Arigabag），是天順帝。

第八位皇帝是武宗海山最小的兒子，叫圖帖睦爾（Tugh Temür），廟號又回歸為文宗。可是在圖帖睦爾之後接任皇帝的，卻是他的哥哥和世㻋（Kuśala），這是明宗。明宗死後，又將帝位交回給圖帖睦爾。所以圖帖睦爾前後當了兩次皇帝，也就是第八和第十任元朝皇帝是同一人。

第十一任皇帝再換到和世㻋的兒子懿璘質班（Irinchinbal），廟號寧宗；再來，第十二任皇帝，也就是在中國的最後一任皇帝，是懿璘質班的哥哥、和世㻋的另一個兒子，叫妥懽帖睦爾（Toghan Temür），廟號為惠宗，明朝賜謚號為順帝。

看元朝皇帝世系表，一共有十一人當了十二任的皇帝，而且即使畫成了表格，我們都還是無法一眼看出其繼承的邏輯與規則。這很明顯不是中國式的繼承制度。後來滿州人進入中國，建立另一個征服王朝，他們也沒有依照漢人的嫡長子繼承制，但他們的皇帝世系極其乾淨、清楚，從順治、康熙、雍正、乾隆、嘉慶、道光、咸豐、同治，每位皇帝都只有一個年號，而且都是父子相傳，和元朝形成了強烈對比。

02 兩個至元、兩個伯顏，不在意記錄需要

讓我們再看看元朝皇帝在位的時間。忽必烈在西元一二六〇年稱帝，一二七一年立國號「大元」，一二七六年攻下臨安，一二七九年南宋滅亡，到一二九四年忽必烈去世。依照朝代史觀前後相繼的算法，元朝是在一二七九年取代宋朝的。

第二任皇帝鐵穆耳在位時間是一二九四到一三〇七年，第三任皇帝海山是一三〇七到一三一一年，第四任仁宗是一三一一到一三二〇年。再來第五任是一三二〇到一三二三年，第六任是一三二三到一三二八年，第七任天順帝則在位時間不到兩個月。

之後擊敗天順帝的圖帖睦爾第一次當皇帝，是一三二八到一三二九年，只有一年，然後換給他哥哥和世瑓，在快速變亂中再拿回帝位，[4] 當到一三三二年。再來的懿璘質班在位只有五十三

4 元順帝即位第八年，下詔宣告其父和世瑓是被圖帖睦爾所殺害的。據《新元史．惠宗本紀一》：「英宗遇害，我皇考以武宗之嫡，逃居朔漠，宗王大臣同心翊戴，肇啟大事，於時以地近，先迎文宗暫總機務。繼知天理人倫之攸當，假讓位之名，以寶璽來上，皇考推誠不疑，即授以皇太子寶。文宗稔惡不悛，當躬迎之際，與其臣月魯不花、也里牙、明里董阿等謀為不軌，使我皇考飲恨上賓。」

天，然後由妥懽帖睦爾接位，當到了一三六八年。但這是中國元朝的算法，只算到蒙古人離開中國，事實上妥懽帖睦爾遷到大漠後，還繼續當了兩年的大汗。

從時間來算，忽必烈以下雖然有多位皇帝，但清楚顯現了在位時間的高度不平均。元順帝之前大約四十年時間裡，一共換了九位皇帝，有一位還當了兩次，所以總共換了十次皇帝。

開創元朝的忽必烈在位時間很長，結束元朝的妥懽帖睦爾在位時間也很長。妥懽帖睦爾這一位皇帝在位的時間，幾乎就等於前面九位皇帝、十任皇帝的總和。

這樣的現象有什麼特殊意義嗎？顯現了元朝大部分時間裡，皇位繼承制完全沒有漢化，用的仍然是草原上應付戰爭變動的那一套。到了五十多年後，妥懽帖睦爾才算離開草原形式，成為比較像中國式的皇帝，也就是可以穩固、長期地握有皇權。

而且妥懽帖睦爾也不是一上任就保有穩定的態勢，比較明確擺脫草原模式要到至正年間。改元「至正」有著歷史性意義，那一年是一三四一年，離宋朝滅亡已經超過六十年，離元朝滅亡也只剩不到三十年。

再稍微看一下首尾兩位元朝皇帝的年號。一二六〇年，忽必烈創立了蒙古政權第一個年號「中統」，到一二六四年改為「至元」。而妥懽帖睦爾在一三三三年即位，先用了一個年號「元統」，兩年之後改年號，改成什麼呢？也改成了「至元」。

那不就和忽必烈的年號重複了？是的。這種狀況在傳統的中國王朝很少見。年號牽涉到正式的歷史記錄，同一個朝代、同一個年號，卻有前後兩個不同的時間，這樣要如何記錄歷史？對於極度重視歷史，尤其是皇帝與王朝正式記錄的中國人來說，一個重要的皇帝用過的年號，後面的皇帝就不會再用了，但蒙古人不覺得這是什麼錯誤。他們沒有那麼長的時間感，更沒有需要留下「正確」、不混淆的王朝記錄的強烈動機，所以他們就這樣處理了。

對試圖記錄、理解元朝歷史的人來說，更麻煩、更混淆的是，忽必烈至元年間擔任宰相、因為牽涉到進攻南宋而在中國史籍上多次出現的人，叫做伯顏；而妥懽帖睦爾的至元時代，擔任宰相的也叫伯顏。他活得可真久，而且還能一直維持在蒙古朝廷的政治高位啊！

當然不是，此伯顏非彼伯顏。可是一來因為譯成漢文的關係，二來蒙古人沒有那麼多不同的名字，也不在意長期記載的區別需要，於是元朝歷史上同名的人多得不得了。

光是一個 Temür，這是蒙古語中極為常見的名字，在中文裡就有很多不同的寫法，不只是因為難以統一，而且如果都寫成一樣，就無法分辨誰是誰了。但如此一來，又多出其他的困擾，不一樣的人有同樣的名字，而常常同一個人在不同地方又被寫成不同的譯名。

這樣的事情在契丹人、女真人身上不會發生，因為他們早早就並用漢文。加入他們統治集團的漢人，早早就替這些重要人物取好了固定的漢名，「耶律阿保機」的名字就用這幾個漢字寫，「完顏阿骨打」就是這幾個字，不會再有同音的其他翻譯方式。但蒙古人不學漢文，至少不在意漢文，從來不曾意識到要如何方便漢文記錄，所以會有都當宰相的兩個伯顏，名字沒辦法在漢文裡區分開來。

更麻煩的是明朝所修的《元史》，從史學標準來看，是完全不及格的。一個最根本的功課都沒有認真做，就是將蒙文史料放進來，和漢文史料進行比對。例如《蒙古祕史》的材料沒有放進來比對，更不用說在其他汗國所產生的蒙文記錄了。元朝滅亡後，元順帝北返草原，可能也帶走了許多蒙文資料，到明代修《元史》時，也不曾努力去追索、復原這方面的內容。

《元史》套用傳統的中國朝代觀念，嚴重缺乏蒙古帝國的規模視野，也不處理蒙古人離開中國之後的狀況，造成我們今天就算只是要了解蒙古人在中國的統治，都無法放心地使用《元史》中高度漢化、明顯扭曲了蒙古統治與蒙古文化的說法。

03 漢化上的遲緩，與單軌多層身分制

一三三五年開始的「至元」年號，到一三四一年改成了「至正」，中間牽涉到一位關鍵人物——取代伯顏擔任宰相的脫脫。脫脫是元朝最後一位有所作為的宰相，也是最重用漢人、最有心

漢化的一位宰相。蒙古人的漢化速度極為緩慢，成效也相當有限。而脫脫的一項具有特殊意義的功績，就是修遼、金、宋史。

一般的中國王朝，都將自身的政權合法性建立在歷史上，至少是將歷史當作政權合法性的重要部分，因而一旦取代前朝、建立新朝，就會以修史的舉動來標舉、確立已經完成了改朝換代。然而元朝一直到最後一任皇帝在位時，才學習中國的慣例，開設機構來修造前朝歷史，這同樣顯示出他們在漢化上的遲緩。

一三四四年，發生了黃河決堤、奪大運河改道的大災禍，不但毀了大運河，也造成大約兩萬平方公里的土地被淹沒。這是在草原經驗以外，蒙古人很難面對、很難處理的災禍。數量眾多的災民，他們強烈的不滿情緒，很快就帶來了王朝統治上的高度壓力。脫脫就是從整治黃河水患的任務中取得重要權力，成為一位大宰相；也是因為要整治黃河，他得到相當的授權可以任用較多的漢人（如河防使賈魯），改變了朝廷的種族成分結構。

不過脫脫主政，並有意識地晉用漢人，這是一三四〇年代後期的事了。到一三五一年，就出現了元末第一個大型的反抗動亂——紅巾軍。

元朝統治中國一直保持著雙重性質，既是一個朝代，更是蒙古帝國的中心。這雙重性質的重點挪移與改變，出現得很晚，已經到了作為中國王朝的後期。這也是絕對不能將元朝和北魏、遼朝、金朝，甚至清朝混為一談的根本原因。遼、金從建立之初，就以雙軌制進行統治，漢人至少占有「半朝」的地位，等於是高度自治，保留原有的禮儀與政制，同時對契丹人、女真人示範農業社會式的文化與管理。而農業社會式的生活與享受，也進一步得以影響、改變這些外族。

「征服王朝」這個詞及其概念，是在日本「東洋史學」中發展出來的。不同於中國傳統朝代史，這個概念試圖將幾個朝代特別區分出來。尤其是近世史中的遼朝、金朝、元朝、清朝，它們都是由外來勢力建立的，不能和宋朝、明朝一視同仁地對待。

更重要的是，這種區別、求異的精神，也貫徹到「征服王朝」的內部，要小心探索並理解遼、金、元、清各朝彼此之間的不同。它們各有不同的進入中國「征服」的過程，也都有各自不同的在中國建立統治的方式，不能草率地放在一起等同而論。

蒙古人和契丹人、女真人不一樣，他們進入中國之後，一直到脫脫當宰相，無法解決黃河大災時，才勉強接受並給予漢人在朝廷中較高的權力，才比較接近出現漢人治理漢人的第二軌政治，但這已經到王朝的末尾了。

元朝大部分時間採用的體制是單軌多層的。不論種族身分，都必須接受同樣的行政管理，這是單軌。而屬於什麼身分的人，就被鎖定在那個身分層級上，和其他身分的人依照層級互動。

最高的身分是蒙古人；第二級是「色目人」，顧名思義指的是眼球顏色不是單純黑色的人種。第三級是「漢人」，主要指的是原本金朝的屬民，其中有很多漢化的女真人和契丹人，都被劃歸入這個身分中。最後，最低的等級是「南人」，也就是南宋滅亡後才加入蒙古帝國的人。

身分層級是政治性的，和社會百工的職業身分規範不一樣。這是明確地由高而低，規定每個層級的人能擁有多大的政治資源與政治機會。朝廷組織中，基本上每個位子都有相關身分限制，所有的位子都對蒙古人開放，其中有一部分只給蒙古人，色目人以下就被排除在外。同理，有一些職務只准許蒙古人、色目人擔任，漢人、南人被排除在外。一層層下來，實質上南人沒有什麼機會進入政府並得到職位。從政治權力角度看，南人等於是被隔絕在外的「賤民」。

04 元朝統治為何不需要漢人？兼看包稅法

一二九〇年，南宋滅亡後第一個十年，元朝進行了第一次人口統計，其中顯示蒙古人約有一百萬，色目人也大約一百萬，漢人約一千萬，南人則約有六千萬。

這項數字清楚顯現了南北的巨大差異。金朝與宋朝南北對峙，愈到後來愈不對等，因為北方的人口與經濟生產出現了停滯、倒退，相形之下，南方的宋朝藉著更好的地理條件加上先進的農業技術，人口與經濟生產持續增長。但一方面延續「重文輕武」價值觀，軍事上多次失敗的餘悸猶存，始終忌憚金朝的武力；另一方面，生產餘裕也足以供應金朝的需索，使得明明整體實力高於北方的宋朝，願意長期接受這樣的對峙情況。

元朝的人口結構中，蒙古人加色目人，頂多只占百分之三，但是在政府機構中，卻將百分之八十以上的南人排除在外。規定上只能由蒙古人、色目人擔任的職務，高達將近三分之一。漢人要在元朝政治體系中占有一席之地、發揮影響力，從結構上看真是難之又難。

之前的契丹人、女真人採取雙軌制，因為進入中原後，面對本來存在的一套官僚體系，他們一時之間無法接手管理，必定感覺到既棘手又有點自卑、敬畏，所以最容易的解決方式，就是將這套他們不熟悉的體系仍然交給漢人處理。而漢人當然不可能了解他們帶來的草原習俗與部落組織，那麼便也有了另立管理機制的必要。如此，很自然就形成了雙軌型態。

蒙古人為何不然？關鍵在於進入中原的同時，蒙古人已經在成吉思汗的野心帶領下，開始了帝國擴張。移動、運輸、貿易等這些條件，隨著帝國擴張有效地增長，更重要的是，在過程中有了和其他民族的接觸與涵納。開始攻打金朝時，蒙古部落組織中已經加入了新元素，那就是「色目人」。

這些人的種族身分駁雜，主要是早期帝國擴張中加入蒙古集團的人。他們取得蒙古人的高度信任，與蒙古部落有效融合，他們替蒙古人帶來了無可估量的新經驗、新能力。色目人主要來自中亞，甚至更遠的地方，其中也有來自伊斯蘭世界的。

忽必烈在位時的一位重臣阿合馬，就是一名「回回」。他的主要貢獻是為蒙古人建立新的收稅制度「包稅法」。「包稅法」將稅收外包給中間人（多為商人），由這些中間人而不是直屬於朝廷的官僚體系去實際收稅。到底對人民收取多少，朝廷不管，只規定這些承包者必須將固定的金額繳交上來，多收的便是承包者的利潤，如果少收了，當然承包者也必須自己想辦法墊付。

「包稅法」通常會發展出多層分包。也就是朝廷總包給一個人或幾個人負責稅收，這個人或這些人再將接到的收稅特權以同樣原則轉分給其他更多的人，看誰願意出最高的標金，就給誰「包稅」。

「包稅法」的好處是不必為了稅收而維持龐大的官僚體系，朝廷不必費心管理就能保障收入；然而「包稅法」明顯可見的缺點就在於層層分包之後，中間承包者扣取大批利潤，不只是稅賦壓力大幅增加，而且沒有固定的稅賦數額。今年和明年可能因為不同的承包者而有很不一樣的稅收要求，對於人民、社會都產生極大的騷擾。

中國從封建轉型為帝國的過程中，基本價值觀皆以社會安定為重，不管是出於中央集權或愛民護民的考慮，都將「包稅法」視為特例，只運用在少數特別稅目上。[5]「包稅法」的運用，清

5 宋朝曾在特別稅目上實行包稅制，也叫「買撲」。《宋史・食貨志下一》：「（太祖）先是，茶鹽榷酤課額少者，募豪民主之。」〈食貨志下七〉：「紹興元年，兩浙酒坊於買撲上添淨利錢五分，季輸送戶部。」

楚顯現出不同文化體系背景的色目人，對於蒙古政權不必依賴漢人、不必以漢化來進行統治的強烈影響與作用。

05 草原習慣與農業文明的混搭

阿合馬後來因為掌握了稅收大權，引發政治危機，被益州千戶王著誘殺了。但忽必烈的統治仍然延續阿合馬從伊斯蘭地區帶來的風格。如果沒有這些對中國來說的異質經驗，蒙古人不可能那麼快進入農業地區並建立政權，或者該說，不可能不依賴漢人來協助建立包括龐大農業生產領土的政權。

此時的蒙古帝國分成元帝國、天山南北路的察合台汗國；[6]再往西，北邊是金帳汗國，南邊則是伊兒汗國。這是主要的結構，卻是一個不平均的結構。察合台汗國始終維持高度的草原性質，而其他三個地方則都有發達的農業生產與城市生活。中國悠久的農業文明不用說，伊兒汗國具有同樣悠久的波斯地區農業背景，金帳汗國依靠的是俄羅斯的傳統財政基礎。

在伊兒汗國和金帳汗國裡，也都出現了許多協助蒙古人從草原游牧文化迅速適應並統治農業經濟、農業民族的中間角色。這些人和蒙古人之間有緊張、有衝突，卻也有合作、有結盟。相當程度上，就是靠著他們和蒙古人的合作、結盟，才能在中國建立並運作這樣一套單軌多層的政治體系。

不只是統治者的世系，往下再到行政組織層級，也是草原習慣與農業文明的臨時混搭。「行中書省」將朝廷中書省的行政權力，包括軍事權力，下放到地方去。地方和地方之間，甚至地方和中央之間，毋寧比較像是聯盟，而不是上下控管或橫向配合的關係。

「包稅法」有利於這樣的聯盟關係，也加強了地方分權的結構。從縣到省，是一種「包稅」關係，省只管每個縣該付多少稅金上來，不參與各縣的細節管理。中央朝廷對各個「行中書省」也是一樣的態度，規定該貢獻多少，卻不過問資源是哪裡來的、怎麼來的。

維持「行中書省」和中央朝廷一貫性的，最主要是「多層制」的規定。蒙古人、色目人在政治體系中的種族優勢，從中央到地方都一致奉行。沒有任何地方可以挑戰蒙古人的政治地位，而在每個地方，如果需要統治上的幫手，蒙古人都優先晉用色目人，不會大規模引進漢人。構成中

6　窩闊台汗國後來被元朝和察合台汗國瓜分，於一三〇九年滅亡。

國地區主體人口的漢人、南人，沒有太多機會能夠進入這套高度非中國性的政治組織中。

元朝的兵制，也是中國歷代最簡單明瞭的，分為「蒙古軍」和「漢軍」。理論上，蒙古的每個成年男子都是理所當然的軍人。「蒙古軍」長期維持高度的種族身分封閉性，不只必然不對漢人、南人開放，就連色目人都很難進得去。

「漢軍」又稱「漢法軍」，意思是蒙古人不願意、不屑使用的戰法，例如非騎馬的步戰，才由漢人來擔任。「漢軍」雖然有其領導，但在蒙古帝國的作戰方式上，騎兵永遠走在前面，步兵只能依隨與配合。「漢軍」沒有獨立作戰的機會，「漢軍」的領導也必然得跟隨在「蒙古軍」指揮之下。

還不只如此，「蒙古軍」是生產與作戰合一的。生產就是照顧、長養牲口，作戰也是將這些牲口帶到戰場上去衝殺。他們的軍隊沒有、也不需要訓練，生活即是訓練。因而不在這樣生活中的人，也不可能偕同參與這樣的作戰。

用這種方式，生產與戰鬥都具備高度的彈性。養牲口不像農業那樣，受土地條件限制外，還需要勞力的密集投入。以十進位制組織的軍隊，很容易按照比例調動，調走了一部分人力，留下來的人就多養一些牲口，在經濟生產上予以補充。

進入農業地區後，這樣的情況必須有所調整。最麻煩的地方在於生產和軍事很難再維持合一的狀態。農業地區養不了那麼多牲口，為了保有草原的兵制，就必須換農地給進入中國的蒙古人，依靠別人替他們種田而獲得生產所得。然後當有需要，也就是要打仗時，再以農業生產資源去豢養在草原上的牲口。

然而這樣的辦法沒有那麼自然，也沒有那麼容易。農業資源的生產與分配需要管理，蒙古人缺乏這方面的經驗與能力，因而給予他們的土地能帶來的資源往往很快就下降了。下降狀況再嚴重，還不至於影響他們的日常生活，但遇到要動員出征時就不一樣了。

農業土地的所得，可能是他們日常生活所需的幾十倍，所以減少沒關係，但動員時就顯現在他們不再有條件換得那麼多的牲口。上戰場時，他們必須自備所有裝備，收入減少會影響他們在這方面的準備，嚴重到一定程度，就不得不靠賣土地來籌措資源了。

06 疲於徵調，失去游牧與戰鬥本事

如此就可以看出，進入農業地區之後，如果不用常常打仗，蒙古人可以在鬆散的類莊園制中享受著地主特權生活。然而這個「如果」在蒙古帝國環境中並不存在。

進入中國之後，部分的蒙古部落仍然留在以舊都和林為中心的草原，而舊的、傳統的中心必然和新的中心「大都」出現了矛盾。在忽必烈時期，不但有和弟弟阿里不哥的衝突，後來又有和乃顏、海都兩大宗王之間的問題。這幾個人都是以草原周圍的勢力來對抗忽必烈，逼著忽必烈多次發兵北上、強勢壓制。

類似的草原與農業的矛盾，又移轉到察合台汗國。察合台汗國一直保留著草原個性，因而成為所有可能反對大汗勢力的後盾。留在草原的部落，可以在大汗與察合台汗國之間依違選擇，或許靠這邊，或許靠那邊，更常的是有時靠這邊、有時靠那邊。

加上蒙古大汗及各汗國的繼承制度一直沒有明確的規則，每有繼承狀況，就很容易發生事端。前面提到的天順帝阿剌吉八，他之所以沒有廟號，就是因為他在上都即位時，大都出現了另一位大汗（文宗），雙方兵戎相見，天順帝兩個月後兵敗失位。沒有正常繼承的情況下，也就沒有正常的前任皇帝封號，於是在歷史上只能以他的年號來稱呼。

蒙古內鬨一直都是嚴重的問題。從大都的權力角度看，為了防止來自草原的威脅，就必須持續帶軍隊北上控制。於是那些已經到了南方，轉型成為農業莊園主人的蒙古人，仍然常常被徵調北上。

最多的時候，大都勢力布防在草原附近有高達三十萬的軍隊；少的時候，也有十多萬。這不只對朝廷是很大的壓力，更使得南方的蒙古人疲於奔命。他們無法長留在農業地區享受特權，而且過程中他們的農園又因此不斷縮小。更糟的是，在生產和生活脫節的情況下，他們先是失去了長期擁有的牲口，再來又逐漸失去了從游牧而來的戰鬥本事。南、北的戰鬥力開始有了差距，也就是為什麼從大都派去監控草原的軍隊，必須一直維持那麼龐大的數量。

以前自己養牲口，帶著自己養的牲口去參與軍事行動；現在則是從農業所得，或必須賣地換錢，來向人家租或買牲口帶到軍隊裡。於是牲口的性質改變了，變成了單純的戰具，只是打仗時運用的工具。

愈來愈多蒙古人失去了游牧式生活，而生產和戰鬥合一的條件，又連帶出現了過去沒有的需求，也就是要將農業收成的穀物往北運送，提供軍隊之所需。這不只是龐大的運送耗費，而且本質上是不合理的——將穀物送到草原上！

這條運送路線很長，因為草原離穀物生產的地區很遠。北方的農業環境早已不足以自給，要將穀物大量送往草原，也就意味著必須另外增加從南方送來助濟北方的物資。儘管蒙古人建造了升級的交通系統，運輸上的耗費還是足以拖垮如此日益不合理的政權。

07 草原帝國的成分，高於作為中國的王朝

蒙古人攻下南宋之後進行的人口統計，南方有六千萬人，北方就算加上蒙古人和色目人，只有一千兩百萬人。即使計入南北戶口登記的行政效率差異，南北人口至少是三比一的分布。南方的農業生產力當然遠高於北方。

南方的生產收穫往北方運送，從隋代開始便主要依靠水運，「大運河」就是為了這個目的而開掘的。在水運方面，元代也有了重大發展，那就是可靠的沿岸海運。海運船隻可以造得更大，吃水更深，也就表示載貨更重，如此提升運輸成效，進一步降低運輸成本。

不過水運系統最遠只能送達大都，現在光是送到大都還不夠，還要再往北送到草原去。那就沒有水路可以用了，完全要靠陸路。陸路運輸耗時耗力，一石穀物送到目的地，可能剩下不到半石。到一三三〇年代，運送大量穀物北上，幾乎就耗費掉朝廷所有收入的三分之一。

防衛西北付出了昂貴的代價，實質上使得草原的游牧生活殘破式微。元朝後半葉形成了高度矛盾：為了要維持草原基地，必須依靠農業地帶所得來的供養；缺乏來自中國的北送穀物，這樣的蒙古態勢就維持不了。這種狀況又因為察合台汗國的存在而更加複雜。察合台汗國本身也發生

了農耕和游牧兩種生活方式的衝突，原來一度為了防止元朝西進，當時的察合台汗也先不花下令將大片農田改成草原，結果引發了前任汗王怯別的強烈不滿，終於導致汗國依照不同的生活方式分裂為二。

中國各個朝代都發生過嚴重的皇位繼承問題，也都有殘酷的鬥爭故事，然而那是正常規範以外的狀況。元朝卻因為保留了草原的習慣，因而在繼承一事上沒有固定形式，就出現了根本的激烈、殘酷場面。

例如一三二三年，元英宗碩德八剌從上都避暑結束後準備回到大都，在南返路上就被刺殺了，而殺手就是他整肅的守舊勢力鐵木迭兒的義子。又如權臣燕鐵木兒干政，那更是一連串既複雜又殘酷的變化。一三二八年，泰定帝於上都駕崩，燕鐵木兒趁機在大都擁立武宗海山的兒子接位，而當時和世㻋人在北方，於是就讓他的弟弟圖帖睦爾先配合奪位，打敗了在上都即位的天順帝取而代之。原本的計畫是等哥哥和世㻋從北方返回，就換由哥哥當皇帝。但和世㻋即帝位才沒幾個月，就在中都（王忽察都）突然暴斃。雖然圖帖睦爾撫屍痛哭，但大家都知道兄長之死和他脫不了干係。皇位又回到圖帖睦爾身上。

這種皇位繼承情況，顯現出元朝作為一個草原帝國的成分，遠遠高於作為一個中國的王朝。

08 文人在元朝可以做怎樣的選擇？

元朝九十多年的草原帝國個性，對中國社會產生了巨大的衝擊。元朝之前的宋朝，發展出輝煌的文人文化。宋代文人擁有特殊的能力，也在政治與社會上憑藉其能力取得了相應的地位。

到了元朝，文人的本事還在，可是政治上原本受到保障的地位與待遇卻消失了。蒙古人沒有帶來什麼足以和既有文人文化抗衡或補充的成分，也沒有能力干預或限制文人文化。更重要的，蒙古帝國沒有自身的思想、信仰等意識形態，不會要求文化上的統一。帝國內不同的人可以有自己不同的生活，蒙古人並不多加干涉。

中國文人可以在元朝繼續發展其文化，然而在政治上就失去參與的空間。不但沒那麼容易進入朝廷，不是蒙古人也就不可能涉足軍事事務，國家財政基本上也控制在色目人手中。整個官僚體制的根底改變了，不再以漢語、漢文為必然基礎。朝廷不需要會讀書的文人，中央行政相對簡單，選任負責各「行中書省」的官員，以及分配適當的「包稅者」就好了。過程中沒有非得用漢文不可的壓力，也就不需要精通漢文的這些讀書人。

原有的政治領域突然緊縮，只剩下極少數的名額，而且就算擠進去了，也不再有可以不斷往上流動的空間。在這樣的背景下，文人被迫做選擇。第一種是如果堅持認定文人的政治身分，想要積極參與政治，那麼就必須盡量放棄漢人、南人身分，向蒙古人靠攏。元朝有很多文人改姓名，不只是改為蒙古名字，有的還改成色目人或回回式的名字，那都是為了掩蔽自己是漢人、南人身分的做法。也有許多文人學蒙古語言，以便能夠在朝廷中更受重視。

這方面的現象，過去傳統史學刻意予以忽視，因為違背了「用夏變夷，不能用夷變夏」的民族文化自尊。但其實放進不同的脈絡中，就沒有那麼突兀，沒有那麼難以理解。中國的文人文化，向來和統治權力密切並存，根深柢固地連結在一起。現在統治權力要求不同的身分、不同的語言，缺乏這樣的基本條件，就無法和統治權力連結起來。基於這份連結，文人就倒轉過來，當時的中國並沒有後來的那種民族主義情感來阻止這樣的變化。

這項變化既然是因應統治權力來的，明朝建立後，統治權力條件逆轉，這項變化也就迅速隨之消失，毋寧是簡單、正常的發展。

還有第二種選擇，是將文人的文化能力設法和政治脫鉤，轉而應用到政治以外的領域上。歷史上看到的特殊情況是，元朝前期未開科舉，這段時間裡文人的非政治化程度反而很低，許多人想盡辦法假冒身分，試圖進入各種官僚機構中。到元仁宗時重開科舉，過去認定的正常管道又通了，結果卻刺激出普遍的幻滅感。尤其在南方，愈來愈多人理解到，不管有沒有科舉，從政這條路就是不通的。

重開科舉讓文人意識到，就算考上了，也不再是從前那回事了。在政治上難以平步青雲，在社會上不會有人來搶新郎，那幹嘛還往裡頭擠呢？更何況新開的科舉不只分卷應試、兩榜錄取，給漢人、南人的名額比例也很少，比起前朝還更難考！

09 文人和政治身分隔開、和商業機制結合

於是有了文人非政治化的大幅變化。宋朝最好的詩人、詞人都是大官，都在政治上很有成就。以歐陽修為代表，我們可以知道，文人文化的美學標準甚至是由政治上的地位與影響來決定的。如果不是在官場上有相當的地位，在文學、藝術上也很難有發言的權威。換句話說，文學與藝術的標準是無法獨立存在的，始終和官場的身分、角色緊密牽扯。

到了元朝，文人文化中的美學價值就逐漸和政治身分、政治地位區隔開來。影響力最大的文人之一是趙孟頫，他最重要的身分是「故宋宗室」，也就是他出身於宋朝皇室趙家。不管他的書畫成就有多高，甚至連皇帝也賞識他，都不會為他贏來高一點的現實政治地位，而他也不需要政

治地位來提高、證明自己的藝術影響力。

趙孟頫明確地反對南宋「院畫派」的寫實、華麗風格，一部分原因就在他認為「院畫」和皇家、和政治的關係太密切。文人畫中，山水畫極其重要；而宋代和元代的山水畫，還有著微妙的區別。宋代常見的是「行旅圖」，文人以其主觀心思，記憶或想像離開原本居住的地方，探遊陌生的自然風光，到達某個特殊意境，留下了強烈印象，就將那樣的意境畫出來。

元朝常見的山水畫主題變成了「隱居圖」。雖然都是山水，「隱居圖」卻是文人藉由自然離開政治、離開官場，記錄的是擺脫羈絆之後能夠和自然間產生的心境呼應。

元朝四大家——黃公望、吳鎮、王蒙、倪瓚，加上另外一位詩書狂人楊維禎，這幾個人和當時其他士人一樣，沒有官做，沒有任何一人在官場上擁有像樣的地位。文人畫隨著文人地位定奪價值的這項特性，到了元朝便逐漸消退了。美術史上另有一種說法：宋代的「士人畫」，到元朝進一步「文人化」，從「士人畫」轉型為不折不扣的「文人畫」，其「文人」的特質超越了和政治牽連的「士人」角色。

文人離開了政治組織，和中國社會的其他領域產生愈來愈親近的關係；同時，使得原本依附於政治身分、政治組織上的文化活動，取得了新的、相對獨立的美學判準。這項潮流一路發展到明朝，形成了超脫於政治組織之外的「個人主義意識萌芽」。

明朝，尤其到了明末，散布著為藝術而藝術、為生活而生活的態度，為了政治、為了教化而藝術，將生活的意義寄託在官場上的價值觀，明顯地不再是中心主流，相當程度被邊緣化了。

這樣的文化潮流，進一步和商業機制結合，產生了新的文化形式。小說、戲劇、筆記到後來的小品文，再到張岱所寫的奇書《夜航船》那樣單純作為趣味談資的百科全書，構成了過去文人文化中不曾有過的熱鬧景況。

其中極具代表性的是從金朝的「諸宮調」演化而來、到元代大盛的「雜劇」。「諸宮調」是以音樂和歌唱為主，搭一個簡略的戲劇情節，將歌曲聯繫起來，創作上是以樂工為主的。但到了關漢卿、王實甫等人的「雜劇」，重點換到了「劇」上，主體是那個寫劇的文人，他們編寫了精巧感人，有結構、有細節的劇情，然後配上歌詞所需要的音樂。

原先以樂師為主體的表演形式高度「文人化」了，變成是文人寫出劇本、寫好唱詞，音樂相形之下是依隨著劇本而來的。而這樣的表演形式，在城市裡獲得了商業上的成功，吸引了許多觀眾，保存了原本的高度社會性。文人、商業、社會，以前所未有的方式在這段時間中密切結合在一起，產生了近世後期城市生活的新鮮景況。

第三講

漢人與
漢文化處境

01 南宋理學在北方重建的契機

蒙古人先占有中國的北方，過了四十多年後，到西元一二七九年才滅亡南宋，統一了南北。一二三四年金朝滅亡後，蒙古人一度藉口宋人違背約定，搶占北方領土，於是發兵南下。到一二三五年，在進攻南宋的過程中發生了一件小小插曲，從歷史上看卻影響深遠。

說是小插曲，因為在當時應該很少人注意到這件事，更少人會看重這件事。那是當時南宋的一位大儒，名叫趙復，在一二三五年被蒙古人挾持到了北方，之後開始在燕京（大都）的「太極書院」講學。

在蒙古人滅金之前，很長一段時間金與宋南北對峙、彼此隔絕，使得原先北宋建立的理學、道學傳統，在北方無以為繼，呈現殘缺的局面。趙復北上，創造了南宋理學在北方重建的契機。

趙復講學，教出了幾位重要的學生。一位是姚樞，另一位是許衡。許衡出生於一二〇九年，趙復被劫北上時，他已經二十多歲，人生的基本思想與價值觀念已經形成，然而當他聽到趙復講學，卻受到極大的震撼，發現自己過去雖自認為漢人，所形成的漢文化理解卻全然不對。

趙復帶到北方的，是朱熹這個系統的道學，當時正在南方大盛。朱子之學，相較於處在對立競爭狀態的陸象山一系，對於科舉有更大的影響。陸象山這一派強調「明心見性」，明顯受到禪宗啟發，在學問與修養的路數上屬於「頓教」、「頓派」，不是「漸」，不強調、不重視累積的作用。其核心關懷在於人的自我領悟與超昇，對於如何理解自我、如何處事有其功用，卻在做學問上沒有太大的幫助。

在這方面，「程朱」相對強調「工夫」，也就是長期的訓練培養。而且「程」與「朱」之間又有重要的差異。談「工夫」，程頤都落在道德、德行與倫常相關的行為上。朱熹則予以擴大，將萬物現象都納入「格物致知」的範圍內，要格天下之物，窮盡天下之理。

陸象山的態度很簡單，認定追求知識有一個明確的目標，就是為了「明心見性」，也就是回歸道德自我的發現，那樣的追求是有終點的。相對地，朱熹的知識與學問追求，沒有這樣明白的終點。他無法、也不願意講清楚，人到底是不是能夠藉由「格物」到達透徹掌握天下之理？在格物過程中，是要研究一百件物，還是五百件、一千件，才可以得到通透的「理」？還是要研究完所有天下之物？「物」與「理」之間的關係究竟是什麼呢？

陸象山有很清楚的答案。不同的物都通向同樣的理，所以依循不同方法、不同途徑去「格物」，只要是對的認識與體悟，到頭來會得到同樣自我認識、自我超昇的作用。知識、學問只是「明心見性」的手段，得到目的，就可以不必理會、也不該持續執迷於手段。

然而朱熹的道理沒有那麼清楚、沒有那麼方便，他主張的毋寧是人要一直在格天下之物的過程中進步，但不確定是否有著進步的最後終點。他沒有明確的終極答案，比較關切、強調的是如何檢查自己的進度，肯定自己是在向前進而不是向後退。

02 朱學：簡化儒學，提供科舉擴張的條件

朱熹的立場創造了一場了不起的大迷糊仗，大幅開拓了知識的範圍。程頤關心的都是倫常、道德，與倫常、道德無關的，就不在他的知識視野之內。陸象山在意的是知識與「明心見性」間的連結，連不上、無助於「明心見性」的，也被他排除在知識追求之外。

但朱熹和他們都不一樣，他將「理」從人的道理擴大為「天理」，也就是包納萬物萬象的道理。如此擴張了道學關懷的領域，也讓道學從原本程頤一脈相對狹窄的視野中解放出來，於是得以吸引更多有不同興趣，更博學、更聰明的人進來。

但另一方面，朱熹畢竟和程頤被歸在一派，因為都很重視「工夫」，也重視程序。朱熹是個「步驟狂」，格外重視「次第」，也就是一步一步的進程。他將《大學》特別抬高到「四書」之

首，正因為《大學》從頭到尾都在講「次第」。於是依照朱熹的學說，一方面將知識範圍擴張得那麼廣，一方面卻又提供了可以安心的保障——天下很大，但沒關係，一步一步來，有步驟、有程序可供依憑。

儒學在朱熹手中實質上大幅改變了，其中心從「五經之學」變成了「四書之學」。重點在於加上了《大學》與《中庸》。原先在《禮記》裡的這兩篇，被特別選出來抬高了地位，和《論語》、《孟子》並列。

《大學》、《中庸》成書的時代，其實比《論語》、《孟子》要晚得多，因而有著《論語》、《孟子》裡不會出現的內容及風格。《中庸》講述抽象的「心」、「性」和人的倫常、修養間的關係，《大學》則羅列出「三綱八目」完整的、由內而外的發展過程，正切合了在宋代形成的理學觀念。

儒學變成「四書之學」，和科舉制度在精神上有了更密切的連結。南宋「朱學」流行，同時相應的現象是科舉大盛。南宋科舉三年一科，整個南宋一共考取了兩萬個進士。更驚人的是，考上兩萬個進士，其錄取率卻只有百分之〇．五！

也就是說，一科去參加州府「解試」（元代之後改稱「鄉試」）的可以高達四十萬人。依照當時南宋人口計算，大約等於江南成年男子中的百分之二．五，也就是不分年紀，每四十個人之中就有一個去參加考試。如此盛況和「朱學」流行互為表裡，「朱學」提供了科舉擴張的條件。

理學原本是為了求道，為了尋找安身處世的道理，而「陸王」這派，尤其到了王陽明，之所以被批判為「流於狂禪」，就是因為強調「致良知」——發掘並信賴自身內在的道德本性，而不是外求的。沒有眾人共通的標準答案，終極是要自我醒悟，這不是老師能教的，甚至也不是聖人能幫忙給你的。這是帶有高度自由、抬高個人的一種教誨。

「程朱」不是這樣。尤其是朱熹，他孜孜矻矻尋覓的是一套讓每一個人都能接受的訓練，來保障人的品質。對於教育、對於人的形成，他提出了嚴格且明確的外在標準。「朱學」因而相當程度上簡化了儒學，不需要考索、理解那麼複雜的《五經》，也不需要尋求那不知何時到來的靈魂醒覺，只要按照固定的程序學習標準答案，按照既定的步驟一步步修練，就能日起有功。

標準答案使得讀書和準備考試變容易了，也提供了更具說服力、更穩定的考試方式。明代出現「八股文」的規定，其實不過就是這個傾向的進一步發展罷了。不只那麼多人參加考試，還要有那麼多人閱卷評分，如何保障公平性？因此就需要有固定的標準。「朱學」讓儒學標準化，有利於普及科舉；愈多人參加科舉，也就使得儒學愈發標準化。

03 天下大志縮水、轉而地方化的南宋士人

南宋一朝考上兩萬個進士，會產生什麼樣的政治與社會效應？首先，這麼多人取得當官的資格，可以有那麼多官位好容納他們嗎？這意味著考上進士的一大部分人，要嘛占不到官位，更常見的是占不到像樣、夠重要、有前途的官位。於是從南宋就開始出現「士人地方化」的趨勢。

比較一下：北宋時，大部分科舉進士出身的人，其官場生涯是以在中央朝廷占有一席之地為目標，就算必定要在官場浮浮沉沉，在中央和地方之間幾度來回，他的心思、眼光還是投注在中央，認定自己應該到中央發展，認定中央有他可以發揮的空間與餘地。那個時候，士人的自我要求與自我想像很高，范仲淹的名言「先天下之憂而憂，後天下之樂而樂」有特殊代表性。當官的人「以天下自任」，不覺得天下是皇帝的，心中有著和皇帝共治天下的一份自信，當官就是當「天下」的官，為「天下」當官。

但到了南宋，這份志氣明顯地大幅縮水了。也不能怪南宋士人沒有范仲淹的那種豪氣，實在是沒有那麼多可以有志氣的位子讓他們發揮。進士不再像以前那麼有價值，也不可能像以前那麼

自豪。

再比較一下：北宋時有嚴格的規避鄉籍辦法。一個人不能回自己的家鄉任官，一方面避免在有複雜人際牽連的地方產生營私舞弊的誘惑，另一方面也可以讓這些官員到處歷練，熟悉不同的風土民情。

到了南宋，國土大幅縮水，直接影響到這個制度的執行。再怎麼避，一個官員能夠被調任的地方，都和他的家鄉沒有那麼遠的距離，也沒有那麼大的風土民情差異。南宋士人和家鄉或任官處的關係，遠比北宋時的情況要來得緊密得多。久而久之，南宋士人愈來愈地方化、仕紳化，他們不再懷抱天下大志，也沒有那麼關心皇朝興衰，毋寧將注意力更放在如何發展、厚植自己的地方勢力。

士人仍然要透過科舉才能取得身分，但得到身分之後，只有少數人能在中央有所發展，大多數人則將更多精神與心力放在地方經營上。北宋時范仲淹買「義田」、設「義學」，那是在任官之外，表現對於家鄉的照顧責任。但到了南宋，很多士人反而以在地方組織鄉約，管理共通田產作為主要的關注。他們的天下責任感遠遠不如北宋士人，而他們的地方基礎相對遠比北宋士人來得深厚。

04 理學官學化的關鍵人物：許衡

趙復將南宋道學帶到北方，給予像姚樞、許衡等人新的視野，讓他們放棄原來的思想，轉而投注在道學上，產生了類似「改宗」（conversion）的衝擊。

「改宗」常常會刺激出極度強烈的情感，為了要證明自己不是隨意變節、背叛原有的信念，「改宗者」會格外熱衷於護衛轉投的信仰。姚樞、許衡就顯現出這樣的熱情。元世祖至元二年（一二六五年），木華黎的四世孫安童當宰相，姚樞和許衡便受到安童重用。

當年成吉思汗第一次進攻金朝，返回草原時留下了木華黎和一支部隊，所以木華黎是蒙古統帥中最早進入中國、並在中國停留較長時間的，他和要面對的敵人——金朝關係密切，對中國北方也有一定的熟悉度。他們與漢人之間有較多的互動，也傾向於學習金朝的統治方式。到了安童當宰相時，他受到許衡影響，更進一步崇尚並推行「漢法」。

與安童同時代，兩人在政策路線上大相逕庭的是回回人阿合馬。阿合馬反對「漢法」，而安童也不欣賞阿合馬推動的「包稅法」。在這種抗衡狀況下，安童就任宰相後，便重用漢人姚樞、許衡。後來許衡擔任「國子祭酒」，也就是中央官學「國子監」的校長，在忽必烈和安童的支持下，建立起官學系統，還在各州縣設立地方官學。對於沒有官學機構之處，也鼓勵設置書院，或將原有的書院收編進系統裡。

宋朝的書院屬於私人講學性質，元朝的書院卻大多是官立的，因而教的也都是官學。作為一位改宗的朱子學信仰者，許衡特別致力於理學官學化，確立官學以「四書」為核心，外輔以「五經」，將原本傳統官學的教育內容進行簡化，並且賦予一套明確的學習、教養程序。

一二七九年南宋滅亡後，許衡建立的系統又被推廣到南方，對於後來士人文化的保留發揮了很大的作用。南宋科舉如此之盛，但元朝建立後，首先實行的一項政策就是汰除朝廷冗員。接著又推行以種族身分來分配官職員額，許多留在朝中的官員都因為「南人」身分而被降等。大批的蒙古人、色目人、乃至女真人將漢人排除出去，於是原先擁有科舉身分的漢人，再也無法必然取得官職。

從元朝能找得到的名錄進行統計，發現南宋最後一批進士，後來只有百分之三十七能夠在元朝當官，高達六成以上的人離開了官場。資料同時顯示，沒有當官「是不能也，非不為也」，不是基於對異族統治的反對，而是因為政策改變後無官可做。

再進一步細察，這將近四成有官職的，竟然有超過一半擔任的是學官。重要的職務、真正有權力的官位，這時候都落在蒙古人、色目人手中，輪不到「南人」。因而必須特別感謝許衡，因為他及早建立了這套官學系統，創造了許多學官職位，才能容納這些「南人」進士。

身為「南人」，如果不是當學官，想要在政治上有所發展，就只能從胥吏做起，那是一條十分漫長又充滿黑暗危機的路。這些已經在南宋擁有功名的人，很難忍耐並熬得出頭的。所以他們大部分選擇當學官，這塊領域有效地在元朝保存了中國的士人文化。

05 有特殊保障和社會地位的「儒戶」

蒙古人南下攻宋，相對於之前攻金，沒有造成那麼大的破壞。滅宋之後，又建立了「戶計」制度。這和中國原本的「編戶齊民」有一項最大的差異，就是現在登記的「戶」是世襲的，登記為什麼樣的「戶」，就世世代代承繼，歸入在這一類「戶」中。

在這個系統中，儒學也劃為「儒戶」，「亡宋登科、發解（解試合格者）、真材、碩學、名卿、士大夫」（《廟學典禮》），也就是過去在宋朝統治時有過學問名聲地位的，都可以納入「儒戶」。登入「儒戶」可以得到「免全戶差發」的好處，稅賦、勞役可獲得免除外，還有金額不高的「廩給」。

在這樣的好處引誘下，元世祖至元年間，就已經登錄有高達十萬戶的「儒戶」，而且後來一直維持著。「儒戶」在元朝算是一種特權階級，而且資格相對寬鬆，還可以世襲。相較於宋代，士人可以在政治上大有發揮，元代的「儒戶」當然差多了，只得到較高的社會地位和少量的補助；但這樣的待遇，絕對不像明朝後來所傳言、詆毀的「九儒十丐」那麼低微。

「儒戶」基本上圍繞著學校運作，家戶中只要有一人擔任學官，在學校裡教授講課，甚至只要有一人在學校裡當學生，都可以維持「儒戶」的身分。除非家戶中都沒有人和學校扯得上任何關係，「儒戶」資格才會被取消。這是另一種強烈動機，讓南宋留下來的這些士人，進入元朝之後，必須和學校保持關係，藉此獲得「儒戶」的好處與保障。

另外，南宋時的士人已經「地方化」，他們可以在地方上建立基礎，取得資源。地方生產系統雖然歷經改朝換代卻破壞不大，很快就恢復了，這些已經「仕紳化」的士人不至於向下沉淪，更不至於流離失所。在這樣的新環境中，他們仍然保留著特殊的社會地位，可以支持士人的性質與生活。

在宋代，士人和官僚是二而一的，而士人主要的物質支持就是來自朝廷給予的俸祿。到了元代，大部分出於制度上的強迫疏離，小部分出於自身的選擇，士人的官僚身分不再那麼重要，於是如果住在地方鄉間，就轉型為士人加地主；如果住在城市裡，則出現士人加商人的特殊身分組合。後者這種組合型態，到了明朝有更醒目的發展。

元朝中期恢復科舉之後，尤其進入明朝，士人重新取得任官的途徑，於是又再演化為「三合一」的角色，有些家族是士人、官僚加地主，有些家族則是士人、官僚加商人。而在後面這種新角色當中，出現了明、清時蓬勃的「資本主義萌芽」現象（第八、第九講會進一步詳細解說）。

06 元代科舉怎麼考？連鎖效應又是什麼？

到了元仁宗延祐元年（一三一四年），中斷已久的鄉試回復了。次年，有了元朝的第一科進士。在南方，科舉中斷了將近四十年；在北方，中斷時間更長，有將近八十年時間。

元朝恢復科舉，在歷史上重不重要？從考取得以任官、得以開展政治生涯的角度看，那麼元代科舉的影響很有限。從一三一四年開始三年一科，鄉試錄取名額為三百人。回顧對照一下，南宋的解試一科可以有高達四十萬人參加，現在卻是全國鄉試只錄取三百人。

而且三百人的名額還必須按種族身分分配，所以漢人加南人總共只分到一半，即一百五十個名額。這些鄉試及格者在隔年二月到京師參加會試，再錄取三分之一。但這一百個進士名額，也還是按種族分配的，漢人加南人分到五十個。

終元朝之世，一共開了十六科，總共錄取了一千一百三十九位進士。粗算一下就知道，已經很少的名額，都還沒有足額錄取。再看登榜進士的種族分配，蒙古人加色目人在其中約占了五百人（右榜），漢人加南人約六百多人（左榜）。也就是說，不只蒙古人、色目人那邊，可能因為沒有科舉的傳統，又分到以人口比例來說較多的名額，所以沒有足額錄取；但漢人、南人這邊，顯然要搶破頭的，也沒有足額錄取。

將近五十年間，才錄取了一千多人，和龐大的官僚體系用人數字相比，那是杯水車薪，不可能產生什麼重要的作用。

但如果換作從保存文人文化的角度看，卻是意義重大。首先，科舉考試用的是漢文，即使是蒙古人、色目人來考，也要學會以漢文答題。考慮這項語文因素，所以蒙古人、色目人的試題只考「四書」，漢人、南人則在「四書」之外再加考「一經」。[7]

朱熹標舉「四書」，許衡繼承其態度，有效地將儒學簡化，「四書」遂成為元代官學的標準教材。這時候理所當然成為考試的內容，也才有可能讓蒙古人、色目人參與考試。

若是依照傳統儒學的龐雜內容，進入中國不久的蒙古人、色目人絕對無法掌握，科舉很可能就不會恢復了。蒙古人、色目人可以學習相對較簡單的「四書」，再運用漢文參加考試，就產生了關連的幾項效應。

第一，刺激了蒙古人、色目人不只是學漢語，還進一步學漢文，更為深入地了解漢文化的價值觀。原先在朝廷裡，幾乎沒有動機讓他們覺得需要學漢文；但自從科舉的道路開放了，懂漢文的蒙古人、色目人就多了一條入仕當官的途徑。而且蒙古人、色目人的錄取率高多了，對於大戶人家子弟是個很大的誘因。

當然，會被科舉刺激、鼓勵的也不會是一般的蒙古人、色目人，通常都是進入中國時間已久、也和漢人有較多互動的家族。科舉制度的本意是要讓沒有出身的人才可以出頭，本質上和講究「根腳」的元朝政治是牴觸的。尤其對已經有穩固「根腳」的蒙古人、色目人來說，更不會是這樣的作用。

會去參加科舉的，基本上都來自「大根腳」的家庭，也就是已經在社會上享有較高地位的人。也由於他們的地位，才能夠和漢文化接觸，進而有餘裕讓子弟去學漢文，多開拓一個取得權力的管道。所以實質上產生的效果，是讓「大根腳」的蒙古人、色目人因為科舉而接近漢文化。

第二，透過科舉，原本劃分為上下階層的四個族類，可以有更高的機會在文化上互動。元朝

7 除此之外，還有以下差別：蒙古人、色目人只試二場。第一場經問五條（只在「四書」內出題）；第二場策問一道，五百字以上。漢人、南人需試三場。第一場明經、經疑二問，經義一道；第二場古賦、詔誥、章表內科一道；第三場策問一道，一千字以上。

的階層劃分有清楚的高下區別，但並不是隔絕的；蒙古人雖然身分較高，卻不會規定他們不能和南人有所往來。

科舉牽涉到老師，一種是在學習、準備過程中予以教導的老師。官學發達的情況下，舉子大部分都來自官學學生，於是也鼓勵了「大根腳」的蒙古人、色目人將子弟送進官學。而官學裡教「四書」、講道學的老師，可就沒有按照種族比例分配，絕大部分都是漢人、南人。「大根腳」家族藉由這樣的師生關係，得以和漢文化中的士人交結。

科舉還創造了另一種老師，就是考官和考取學生之間的關係。這一榜考取了，就自動成為主持該榜考試官員的「門生」；而同榜考取的人，也有了「同年」的關係。

科舉一方面讓少數的士人家族重新燃起政治的期望與野心，擴大其交往的範圍；另一方面，也促使較高階層的家族更深入地接觸、涵化中國文人文化，開創了漢化的一個契機。

07《元西域人華化考》的現代觀察

一九二三年，史學家陳垣寫了《元西域人華化考》一書。陳垣自己解釋，在那個時候做這個題目，出這樣一本專著，主要是受到當時陳序經等人高喊「全盤西化」口號的刺激。

書名中說「西域人」，但其實元朝沒有這樣的說法、這樣的分類，就連這個名詞陳垣都故意改用古時漢人中心史料上的用法。在元朝，那就是「色目人」。陳垣完整羅列了色目人漢化的記錄和證據。這本書因應那個時代的要求，告訴讀者「以夏化夷」有其歷史根據，即使在元朝都發揮了巨大的作用。再者，他要凸顯即使在混亂的局勢中，都有文化發展的可能。

陳垣這部作品就是前面提過的「民族史學」的代表性著作。「民族史學」帶來的偏見，我們應該盡力避免因襲，但「民族史學」之所以出現、之所以成立的原因，仍然值得我們關注，甚至值得我們尊重。

《元西域人華化考》書中有陳寅恪寫的一篇序言。陳寅恪以精通多種古語文著稱，能夠運用不同的語言史料，因而在中古史研究上多有突破。在這方面陳垣遠遠不如，他能運用的都是中文史料，光靠中文史料去做這樣的考證，可說困難重重。

陳垣廣泛查考了超過兩百多種史料，正史就包括了《元史》和《新元史》，再加上元代的眾多詩文集、詩話、詞話、筆記，另外旁及方誌、墓誌銘、石刻，乃至書畫作品的題詞、獻詞等等，整理出他看到色目人如何「盡棄所學以學華」的現象。

將近一百年後，重新看這本書，就有了一些修正的空間。例如一九二〇年代，這本書在史料運用上被讚嘆為「全面蒐羅」，然而以今天的標準看，就沒有那麼「全面」了。雖然形式多元，雖然想必蒐羅費時又費力，但這些史料畢竟不出文人文化的範圍。

陳垣的研究，缺乏色目人自身漢化之前或漢化以外的對證，也缺乏來自蒙古人不同角度的觀察旁證。不過他所蒐集的史料，倒是提醒我們注意到兩宋文人的另一項特別成就：在這三百多年間，他們形成了一種典型的文人生活，以及文人圈的交往模式。

文人生活的重心牽涉到彼此之間的認證，有許多儀式化的活動用來認定、表述誰屬於這個圈子，具備同類文人的身分。作為一個文人，要找到其他文人寫的詩，以和韻或步韻彼此酬答，也就是依照同樣的聲韻規則來回互相寫詩。從南宋延續到元代，文人間的「雅集」大盛，聚會中要有酒、有詩，筵席間有音樂、有歌妓，可能在環境上還要有自然或人工的水流聲響。

另外，書畫會有題跋，一個人作畫，請另一個人寫詩，可能又請另一個人寫字，形成了一種實質上的集體創作，藉此創造出不斷往來的機會，讓這個圈圈有更緊密、更頻繁的互動。文人與文人間互相辨識，也互相提供身分保證。

放回到元代文人文化生活圈的現象上看，陳垣蒐集的史料很有意思，因為真正顯現的是文人生活的多重活動樣貌，讓我們知道在那個時代若要當文人，都應該做些什麼事。

例如地方誌，在宋元之後也成為文人生活固定的一部分，意味著在士人「地方化」之後，他們集體感受到對於地方的一份責任，應該運用他們從傳統史著中讀來、學習到的筆法和形式，將地方的地理、風土，尤其是人物事蹟保存下來。

陳垣寫這本書的用意，是要對讀者說：「看，這麼多非漢人被漢化了！」但我們今天在更全面的歷史眼光中看到的，卻應該是：「喔，原來有這些非漢人被文人化了！」

宋代的文人文化當然是在漢人社會中創建出來的，然而經過了金朝，尤其在元朝產生了變化，增加了許多外族人士參與其中。文人群中出現愈來愈多的「非漢人」，他們一部分透過科舉，有了更積極認同文人文化的動機與機會。他們開始寫漢文、寫詩，用詩話、詞話來顯現他們在韻文上的品味與體會能力，也學會了如何作畫、如何寫書法，以及在別人的書畫作品上應該如何題字、題詩。

08 從三個家族的姓名看漢化這件事

陳垣先生教出的弟子中有一位是姚從吾，後來到了臺灣，在臺大成為遼金元史大家，他教出的弟子中又有蕭啟慶，是我自己從學過的老師。由這樣的系譜看，陳垣算是蕭啟慶的師祖。不過對於師祖的學術成就，蕭啟慶並不是照單全收，而是認真考索，做出重要的修正。8

蕭啟慶特別指出：在元朝的歷史脈絡下談「華化」、「漢化」，必須要深入探問當時這些人的主觀認同，也就是他們如何回答「我是什麼人」的根本答案。從過去北魏到遼、金的歷史經驗看，認同的關鍵因素一定會反映在對待姓名上。北魏孝文帝大刀闊斧改姓名，帶頭將自己的姓氏拓跋改成了漢人的「元」姓，背後清楚的動機是要進一步讓自己像個漢人，尤其在漢人眼中看起來像個漢人，才有可能被接納為漢人。

從這個角度看，元朝的狀況大不相同。蒙古人、色目人從來沒有改漢姓漢名的運動，根深柢固地始終沿用傳統姓名，頂多只是改為漢字拼寫而已。有些人，蒙古人尤其多，甚至不在意自己的名字有沒有固定的漢字寫法。蒙古王室從來沒有換用過漢姓漢名，就連像木華黎這般最早進入中原、主持領導「漢法」、照理說與漢人關係最密切的人，都沒有改漢姓漢名。

木華黎家族靠著「漢法」，在元朝擁有相當的勢力。四世孫安童當了宰相，安童的孫子拜住在一三二二年（元英宗時期）也當上了宰相，木華黎的另一個六世孫朵兒只也當過宰相（元順帝時期）。元朝朝廷還曾有過「漢法」和「反漢法」的重大派系鬥爭。但木華黎家族從來沒有考慮過，為了要更靠近漢人、更像漢人而改換姓名。

在色目人當中，有來自西域高昌的偰氏，在種族上他們屬於維吾爾族（蒙古人稱為「畏兀兒」）。元朝時，這是個極顯赫的家族，一三一四年恢復科舉之後，三十年間，他們家一共出了九位進士。他們家族不只很會考試，更重要的，考試用的是漢文，表示他們家族必定很熟悉漢文傳統。也因為有這個家族輝煌的考試記錄，查元朝的進士名錄，很容易得到維吾爾人漢化程度最高的結論。

從中文史料上看，高昌偰氏姓偰，那是接受了漢人的方式。進入元朝的第三代叫偰文質，第四代有偰玉立、偰直堅、偰哲篤、偰朝吾、偰列篪（五子皆登科），第五代有偰百僚遜、偰正宗等，看起來都姓偰。不過如果多加參考蒙文和維吾爾文的史料，可就不太一樣了。

這幾個人的維吾爾名，最前面的第一個音節發音都一樣。也就是從維吾爾語言本位來看，那

8 可參看蕭啟慶，《元代的族群文化與科舉》（臺北：聯經，二〇〇八年）。

也可以是他們個別名字的中文翻譯，名字中的第一個字都相同，並不表示那就是他們的姓。他們採用的是一種聰明的二元制，家族子弟取名時，刻意選擇維吾爾語裡有著同樣頭音的字，這樣翻譯成中文時，每個人名字的第一個字自然可以用同一個字，看起來就像是漢人習慣的姓了！

木華黎家是大貴族，高昌偰氏是中級貴族，另外有一個特殊的下層貴族也值得我們注意，那是唐兀崇喜家。唐兀崇喜家族是西夏遺民，出身蒙古百戶長，進入中國後，得到「撥付草地」（《述善集》），定居河南濮陽，於是從一個蒙古軍士轉型為農戶，學習中國式的農業生產與農業管理。

農業發展到一定程度，唐兀崇喜就撥出一塊「義田」，再以這塊田地的收成為基礎成立「義學」，模仿漢人仕紳化的過程，培養子弟讀書，並鼓勵子弟參加科舉考試。他還進一步盡地方仕紳的責任，和周圍的鄉民訂定鄉約，藉鄉約團結力量、發展地方。

這個家族不只快速農業化，而且完全依照兩宋建立起的慣例，變身為中國地方鄉紳。他們的漢化程度高到在元朝滅亡後，他們已沒有辦法回到草原去，而是繼續留在河南，後來改姓楊。

值得注意的是，唐兀崇喜家族是在明朝建立後才改姓的，有些記錄卻誤以為他們在元朝就改了漢姓。在元朝文獻中，這家人的名字最前面都是「唐兀」，也就是襲用了漢人有姓，在名字前面放上固定姓氏的習慣，但所採用的卻是蒙古音譯過來的「唐兀」。他們和高昌偰氏一樣，在姓名一事上，頂多只有半套的漢化，並沒有刻意要在姓名上與漢人混同。

09 文人的身分認同高過種族區別

這三個代表性的家族，有蒙古人也有色目人，我們還能查找出他們的婚姻記錄，可以發現他們很少和漢人通婚。元朝在制度、法令上雖然沒有特別鼓勵，但也並沒有禁止跨種族通婚，然而即使是漢化程度相對較深的家族，也都面對很大的阻力，不願和漢人通婚。

那是因為通婚之後可能產生種族身分上的混淆，他們得要承擔階層下滑的風險。明明是地位較高的蒙古人、色目人，當然不願失去身分降為漢人、南人。他們認同的是文人的生活，模仿文人、向文人看齊可以提高他們的地位，而不是傾向會貶低他們地位的漢人認同。

他們受文人、士人認同強烈影響的一部分，就是忠君思想。這套思想從朱子一路上溯到曾經當過皇帝經筵講師的程頤，在道學中格外重要。

陳垣的民族史學立場看到的是這些人漢化了，血統上是蒙古人、色目人，主觀上卻自認是漢人，所以有兩種衝突的身分。不過對照元朝滅亡後所發生的事來看，這些人卻大多數並沒有在兩種身分中選擇的掙扎，他們很自然地依隨大汗離開中原，繼續做蒙古帝國中的蒙古人、色目人，沒有要留下來歸化成為新王朝的漢人。前面所說的改為楊姓的唐兀崇喜家是少數、是例外。

民族史學也忽視了漢人士人的身分衝突，因為理所當然地認定會有身分衝突的應該是這些漢化的蒙古人、色目人。然而事實卻是，在元朝的特殊環境中，漢人士人的兩個身分產生了拉鋸張力，一個是血統和政治階層意義上的漢人身分，另一個是文化上的士人身分。前者使得他們在這個環境中遭到貶抑，後者卻給他們帶來不只能和蒙古人、色目人平等結交的條件，甚至還讓部分的蒙古人、色目人羨慕，想要來靠攏、學習。

錢穆先生寫過一篇文章〈讀明初開國諸臣詩文集〉，[9]在其中點出了一項特殊情況，那就是這些有功於創建明朝的大臣們，在詩文之中卻表現出不忘故主的情感。錢穆對這種情況下了很重的斷語：「至於其為胡虜入主，非我族類，則似已渾焉忘之矣！」

這是帶有高度批判意味的感嘆。錢穆以和陳垣一樣的民族史學立場，無法理解這些人怎麼會懷念元朝，進而發為憤慨，不能接受他們缺乏民族意識的態度。但這是歷史的事實，不能只是憤慨，而必須找出原因來解釋。

這些「明初諸臣」，他們都曾經是元朝的文人，曾經和其他蒙古人、色目人中認同其文人身分而靠攏過來的那些人過從甚密。錢穆沒看清楚的事實是，他們懷念那些元朝社會中同為文人的故人，對他們來說，從文人身分的角度看，他們並不是「非我族類」。

在文人圈中，士人、文人的身分認同高過種族區別，在這裡沒有華夷之防的問題。只有離開了文人圈，漢人身分超越文人身分時，必須以較低的漢人身分去面對蒙古人、色目人時，才會出現衝突。元朝滅亡後，建立了新的漢人王朝，蒙古人、色目人的優越地位不再，他們也就不再受到這種衝突困擾。這時候他們回頭想起曾經過從甚密的其他文人們，感到懷念、不捨，這種感情是可以理解的，沒有像民族史學家認為的那麼荒唐。

10 士人意識與文人文化在元代得以傳承

清代大學者趙翼在他的《二十二史箚記・卷三十元史》中，有一條是〈元末殉難者多進士〉，他說：

元代不重儒術，延祐中始設科取士。順帝時又停二科始復。其時所謂進士者，已屬積輕之勢

9 可參看錢穆，《中國學術思想史論叢》（六）（臺北：三民，一九八五年）。

矣。然末年仗節死義者，乃多在進士出身之人。……諸人可謂不負科名者哉！而國家設科取士，亦不徒矣！

意思是原本不了解儒術重要性的外來民族，後來誤打誤撞恢復了科舉，考取了不少進士。結果到了元朝即將結束時，這些進士還為這個朝廷鞠躬盡瘁，最終甚至殉難死節，可見開科取士、提倡儒術，從統治的角度看，還真是件划算的事啊！

在趙翼的時代，這段話有著對滿洲統治者喊話的作用，要刺激他們重視漢人的傳統學術。但如此表述畢竟要有歷史記錄的事實基礎。《二十二史劄記》中，趙翼整理出十六位殉難死節者的事蹟。其中至少有十一位漢人進士，面對同屬漢人的陳友諒、張士誠所建立的新政權時，他們自始至終選擇元朝，甚至願意付出生命的代價。

蕭啟慶更進一步，蒐羅了元末死節者五十一人，其中漢人十五位、南人十七位。明明南人的政治地位最低、最受歧視，卻出現了最多的死節者。還有明朝建立之後，曾在元朝中過進士的人，擺明態度不願為新政權所用、寧可隱遁的「逸民」所占比例甚高，高過欣然轉而服務新王朝的人。

不管我們喜不喜歡、同意不同意，歷史事實是到了元末，漢人文人階層遭遇到嚴重的價值觀念衝突。一邊是君臣之義，一邊是華夷之防。這兩種價值都在中國傳統的儒家信念中，但這時候卻分立兩邊，無法兩全。更進一步，這兩種價值同時考驗了他們的兩種身分認同——前者是士人身分應該信守的，後者則屬於漢人身分所要抱持的立場。

結果擺在眼前，很清楚的，這些人看重君臣之義的程度，高過了看重華夷之防。他們對士人價值的堅持，壓過了漢人認同。在那樣的環境中，士人、文人認同，而不是漢人認同，是他們真正安身立命之所在。我們對於經歷元末明初改朝換代那一代人的認識，必須如此調整與修正。

陳友諒、張士誠到朱元璋這些意欲推翻元朝的人，威脅到他們作為士人的根本認同。他們無法和朱元璋這些人產生士人間的集體團結意識，光靠漢人種族觀念，不足以動搖他們更深厚的文人意識。

從這個角度看，從宋代到元代，雖然經過了外族入侵、建立征服王朝，然而在文人文化與士人認同上，卻是一脈相承的。元末變亂所形成的考驗，證明了有著多層次堅實生活與文化為其基底的士人認同，明顯強過了華夷劃分。

朱元璋是個漢人，對他們來說意義不大，至少不足以壓過他們眼中非文人身分所帶來的疏離與不信任。在非文人的漢人和尊重文人的蒙古朝廷間，他們的選擇很清楚，沒有太多的猶豫。

我們將宋、元、明、清四朝併入「近世史」，其中的元朝當然帶來了許多斷裂性的變化，然而在文人文化這塊領域，也就是宋代文化中的主流，在元代卻得到了擴大的繼承與發展。

種種歷史條件的配合，使得士人內在的自我認同強悍地保留下來，以至於對朱元璋的統治構成了威脅。朱元璋缺乏可以讓士人信服的出身，於是如何壓制士人就成為明朝的重要課題。朱元璋為什麼要誅殺胡惟庸？為什麼要同時藉機廢了宰相？相當程度上就是為了打擊士人集團，從政治上抽走他們的集團認同，只許認同皇帝、效忠皇帝。

弔詭的事實是：士人意識與文人文化在元代得以傳承，反而在明朝受到了關鍵性的打壓與改造。這是看待「近世史」時不能不注意的重要現象。

第四講

宋元時期的東西交通

01 抗爭傳遞虛偽訊息、扭曲真理的人

伊斯蘭教是個有歷史淵源的宗教。我們必須具備的背景知識是，伊斯蘭教之所以和基督教展開一千多年的糾結衝突，主要源自先知穆罕默德的宗教理念是延續著從猶太教到基督教傳統的。

穆罕默德為什麼稱為「先知」？他自命為後起的「先知」，繼承了猶太教《舊約聖經》對上帝的描述，也繼承了《新約聖經》對耶穌基督的描述，認定耶穌基督是在穆罕默德之前的另一位「先知」。只是基督教中賦予耶穌獨一無二的上帝之子地位，在伊斯蘭教的教義中消失了。

西元第七世紀，穆罕默德的時代，出現了新的「先知」。這位「先知」傳遞的訊息是：第一，原先上帝的訊息藉由前一位「先知」告知了這個世界，在這世上流傳，然而時日久遠之後，人們逐漸離開了真理，和真理之間愈行愈遠，到了一定的程度，所有假上帝之名所做的事都是虛偽的。這時候便需要有彌賽亞再臨，才能破除虛偽與錯誤，讓人們重新認識上帝（阿拉），重新接近真理。

第二，出身阿拉伯半島的穆罕默德，以自身的環境立場提出了對於上帝訊息的說明。前面的「先知」，更早降臨的彌賽亞，他的訊息被扭曲了。當前流行在歐洲的基督教變成了虛偽扭曲的

宗教，耶穌基督所傳遞的真實上帝訊息，這時候已經不在基督徒身上了。

原先穆罕默德並沒有特別針對基督徒或攻擊基督教會。對他來說，重點是繼承基督教現成的訊息，方便在阿拉伯人之間傳教。但這樣的教義等到伊斯蘭教崛起壯大、向外擴張了，當然就使得這兩個宗教間的關係緊張，衝突一觸即發。

伊斯蘭教雖然成立於阿拉伯半島，但它和基督教一樣，都是普世性質的宗教。穆罕默德教導的，不是信奉一個部落的神，不是特定屬於哪個部落的真理。依隨猶太教、基督教而來，他講述的是創造世界的神的故事，建立起對所有人都適用的宗教真理。

穆罕默德作為一位「先知」，是有敵人、有要抗爭的對象。敵人就是繼承並持續傳遞虛偽訊息、扭曲真理的那些人。

這兩項因素加在一起，注定了伊斯蘭教從成立之初，教義中便帶有高度的擴張性，以及高度的敵對性。

02 伊斯蘭的聖地崇拜與基督教的朝聖傳統

穆罕默德所傳遞的訊息，在阿拉伯半島很快就產生了巨大的影響力。這牽涉到第七世紀時阿拉伯半島的局勢。當時的阿拉伯人夾處在兩大帝國之間，西邊有拜占庭帝國，北邊則是波斯薩珊帝國。這兩個帝國長年對抗，而每次打仗，夾在中間的阿拉伯人就要倒楣。

穆罕默德的宗教訊息有著具體的現實意義——號召阿拉伯人團結起來，在宗教統合下，可以去對抗這兩個帝國。尤其在對抗拜占庭帝國時有著更大的功效，因為這時候的拜占庭帝國信奉東正教，也就是穆罕默德所批判的墮落的、空洞虛偽的末世基督教。

伊斯蘭教先是有效地團結了阿拉伯人，接下來又在對抗兩大帝國的過程中建立了新的阿拉伯政權。帶有擴張性的伊斯蘭教，靠著新的現實勢力基礎，很快就成為基督徒眼中的頭號仇敵。

除了教義中原本就有和基督教的不解糾結之外，又牽扯到敏感的「聖地」問題。伊斯蘭教重視日常崇拜，每日五次的禮拜儀式要面對「聖地」進行祈禱。伊斯蘭文明對人類的天文、地理知識有很大的貢獻，中國發明的指南針也是靠伊斯蘭信徒傳往西方，相當長一段時間中，全世界天文、地理探測最發達的區域就在伊斯蘭教境內。其中一項重要因素，就在伊斯蘭信徒有源於教理上精確定位的迫切需求。不管他們在哪裡、去到哪裡，都必須準確地找出「聖地」麥加所在的方位，否則祈禱儀式就無效了。

「聖地」位於伊斯蘭教信仰的核心，最主要的「聖地」是穆罕默德興起的麥加。到了後來，伊斯蘭教中發展出「聖地」的網絡，有麥加、有麥地那，另一個關鍵「聖地」是耶路撒冷。

伊斯蘭教的「聖地」崇拜體系形成後，就碰觸到西方基督教的「朝聖」傳統。歐洲中古時期認定現實世界不重要，只不過是人必須走過的一番中途旅程，真正的重點是走完有限的人世之後，能夠進入永恆的天堂。歐洲中古時期後來之所以又稱為「黑暗時期」，就因為不重視現實、不探究現實，教會控制了所有的知識，教導人忽視現實，只需仰望教會與天堂。活著不是目的，本身不具備意義，那只是通向天國的過程，是為自己爭取進入天國門票的手段。

在這種狀況下，活在現實世界中最重要的是盡量增加、累積可以上天堂的條件。人要如何才能上天堂？於是有各種說法，提供了各種門道。十三、十四世紀之後，羅馬教會愈來愈霸道，不斷增強宣傳對於天堂門票的壟斷權，規定只有通過教會的認可，人才能上天堂。就是因為這樣的態度，以及相應產生的種種弊端，例如發行「贖罪券」，才引發十六世紀初馬丁·路德強悍反擊的「新教改革」。

更早之前，中古時期最流行的觀念，是人應該藉由在世間受苦，尤其為了信仰而自願受苦，來換取前往天堂的積分。在俗世過得愈舒服的人，愈是沒有資格在死後得到永恆的平靜。所以就有了最極端的自我鞭笞者（Flagellants），邊流浪邊鞭打自己，只靠別人的善意施捨過活。

另外一種沒有那麼極端，因而吸引更多人願意實施的方式，就是朝聖。在那個交通條件極差的時代，要去任何特定的地點，都必須忍受高度的不便，以及高度的風險。可能生病、可能受傷，也可能在路上被搶、被殺。但愈是不方便、愈是危險，也就愈符合那個時代的虔信標準，尤其目的地是一個在基督教信仰中具有特殊意義的地方。

最常見的「聖地」，是由教會認可封聖的聖者的出生地，或是知名的教堂、修道院。到後來愈加出名、也更加重要的「聖地」，則是對歐洲人來說遠在天邊的耶路撒冷，那是耶穌基督曾經生活、終至受難的所在，也就是《新約聖經．福音書》的主要場景。

03 十字軍東征的歷史背景為何？

伊斯蘭教的「聖地」和基督教的「朝聖」傳統，於是在耶路撒冷有了交集，也就必然產生層出不窮的衝突。基督徒前去耶路撒冷的路途，要經過大片的伊斯蘭地區，而且耶路撒冷長期控制在穆斯林統治下，就使得衝突的面向擴大，不單是信仰、教義上的，還有現實、生活上的。

層層衝突累積到後來，便刺激出基督教的「十字軍東征」。最早的「東征」是自發性質的，基督徒為了自保而集結團體共行，同時配備有武裝保護。到了一〇九五年，有了第一次由教會發動的正式長途武力行動。

出現組織性的「十字軍東征」，而且將目標從原先保護朝聖者，升高到要「收復」耶路撒冷，這項變化牽涉到「騎士團」的出現。

從第五世紀西羅馬帝國滅亡後，歐洲逐漸建立起封建制度，那是極其漫長的社會組織重整過程。要有一套新的原則，不只讓既有的居民可以有秩序組合以進行生產，還必須有效容納從北方入侵的「蠻族」。

直到第八、第九世紀，取代帝國的封建制度總算有了比較清楚、比較穩定的面貌。西元八〇〇年，當時的法蘭克國王和倫巴底國王查理曼被教宗加冕為「羅馬人的皇帝」，也象徵著封建制在歐洲的確立。

封建制的穩定，一部分靠長子繼承，也就是從頭銜到莊園到對於領主的義務，都是由父親傳給大兒子。但每一個父親幾乎都有不只一個兒子，於是封建制度確立後，必然產生的連帶問題是：那老二、老三、老四……怎麼辦？

早期的做法是他們可以獲得、或自己去占領新的領地，創造出封建制度層層堆疊中的另一個層級、另一個支脈。在《不一樣的中國史》第二冊中講述古代周朝部分，也看到中國的封建制度有類似的擴張功能及效果。長子繼承制約束下，二兒子以下的男孩就必須離開家，去尋找或征服自己的土地，於是使得封建控制的區域快速增加。

但一代一代生出來的男孩增加的程度，必然會窮盡有限的土地。既有領地與領地之間的空地愈來愈少，老二以下的這些男孩也愈來愈難建立自己的莊園。封建確立兩、三百年後，這個問題已經很嚴重，如果找不到解決辦法，將會產生劇烈爭奪，破壞既有的封建秩序。

「騎士」就是這個時期出現的解決方案。社會上逐漸形成一種風氣，鼓勵年輕人離開出生、成長的環境，訓練自己的武勇條件，出外冒險。老二、老三、老四們，從出生就注定了不能等待繼承、過輕鬆日子，成長過程中就被灌輸了得靠自己力量去開拓、去創造的價值觀。沒有後顧之憂，而且要靠努力拚鬥，才能得到自己所需的物質與精神滿足。

這些人成為騎士，帶著自己的武器、盔甲，擔任大大小小莊園的防衛傭兵。更大的莊園可以養自己的騎士，只是養騎士所費不貲，而且騎士還是有可能被別人用更好的條件收買。到後來，騎士自成一個階層，他們靠武勇的本事到處尋找雇主，也經常變換雇主。從教皇、國王到莊園主人，甚至部分被盜匪侵擾的農村，都需要他們。

到了第十、十一世紀，騎士在歐洲甚為活躍。此時世俗君主的勢力持續擴張，威脅到原本獨大、高高在上的羅馬教會威權，爆發了嚴重的衝突。雙方都依靠騎士彼此對立征戰，有時教會介入推翻君王，有時倒過來世俗君主強勢選擇對自己有利的教宗，或扶持傀儡教宗，甚至轟轟烈烈地鬧出「大分裂」，同時在羅馬和亞維儂出現並立、敵對的兩位教宗。

這樣的混亂局面幾乎瓦解了既有的封建制度，也使得原本的聖俗二元權力結構岌岌可危。「十字軍東征」在這樣的歷史背景中興起，實質上有效解決了當時騎士橫行的問題，挽救、延續了中古封建時代。

04 中古歐洲的騎士團與騎士精神

世俗君主與羅馬教會的衝突，和「騎士」有著密切關係。作為傭兵，大環境愈亂對他們愈有利。和平狀態下，騎士無用武之地，不只過著無聊的生活，也不會有好的待遇、好的價碼。一旦打仗了，參戰的兩邊有贏有輸，投效不同陣營的個別騎士有勝有負，但整體的騎士階級是必然的贏家，因為對騎士的服務需求增加了，他們的地位也隨之升高。

脫離固定莊園束縛的騎士，開始組成「騎士團」。「騎士團」最主要的作用是形成集體的騎士法則。歐洲中古文化最醒目的現象之一，就是「騎士精神」。為什麼會有「騎士精神」？那是源自傭兵對雇主的集體承諾。加入「騎士團」，信守騎士精神的騎士，和沒有入團的「野騎士」最大不同之處，就在於以集體的方式承諾，一旦同意服務這位領主，必會有高度的效忠精神，看重自身的名譽與榮耀，不會在戰場上畏懼偷生，更不會吃裡扒外和敵人勾結。

如此，領主當然願意優先雇聘這些有團體保證的騎士，「騎士團」就逐漸淘汰了「野騎士」。這一方面讓騎士對陣的戰場更有規範、有秩序，另一方面也擴大了騎士的影響力，刺激並創造更多的戰爭，進一步升高領主與領主之間，更重要的，是君王與教會之間的爭鬥。

「騎士精神」除了規範戰場行為之外，更有名的，後來在詩歌與文學上格外被強調的，還有對待女性的特殊態度。這其實在相當程度上也是源自騎士與雇用他們的領主間的一種承諾。領主需要騎士的戰鬥服務，卻也很擔心引狼入室，讓這些生毛帶角、武勇強悍的男人進入自己的莊園中。「騎士精神」以集體的行為紀律，甚至升高為自尊信念，向領主保證，真正的騎士絕對不會侵犯女士，會以最自矜自持的態度，比一般人更節制自己的動物性慾望，只以充滿優雅儀式性的行為方式和女性互動。如此取得領主進一步的安心與信任。

世俗君主和羅馬教會陷入長期衝突，到後來可說是兩敗俱傷，雙方都沒得到真正的好處。而讓兩邊能夠歇息停戰的最好方法，就是找到共同敵人，將原本依違、游移於兩邊的騎士，轉而運用在對付這個共同敵人上。這共同敵人就是在東方興起、隱隱然不斷朝西方擴張的伊斯蘭教。

教宗和君主們聯合號召，發動「十字軍東征」的「聖戰」，在歐洲的貴族階層間激發了高度熱情，許多領主、甚至部分君王都親身參與。而東征的主力當然是騎士。東征的大動員，因而有效地收拾了原本在歐洲的騎士橫行亂象，也強化了原本鬆散的「騎士團」組織。

「騎士團」熱衷於前往東征，背後還有另一股支持、贊助的力量，是來自熱那亞的商人。在義大利半島的熱那亞，此時已發展為地中海沿岸航行船隊的主要港口。「十字軍東征」的行動為他們創造了有利的商機。他們扮演的是提供後勤補給的角色，十字軍走到哪裡，熱那亞商人就幫忙動員貿易網絡，將所需的貨品運送過去。同時藉由十字軍的移動性需求，熱那亞商人也得以擴張他們的貿易網絡。一方面有生意做，另一方面這樣的遠距貿易又有武力衛護，有效地將海運與陸運結合起來，好處很多啊！

「十字軍東征」以收復聖地為理由，卻在歐洲發揮了多重的效果，吸引各方不同的勢力出於不同的動機、不同的打算，一起積極參與。

05 以宗教為藉口的一樁集體生意

剛開始神聖堂皇的「十字軍東征」，因為捲進了複雜的各方利益，一時擴大的聲勢，久而久之也就開始變質了。以熱那亞帶頭，義大利沿岸的城邦紛紛來搶分買賣大餅。騎士們在漫長的路途中愈來愈難維持紀律，當物資接濟不上時，很自然就以武力搶奪生活與行路所需，繼而甚至習慣於沿途靠恐嚇、強行徵納為生，職業騎士同時扮演業餘強盜。

到了第四次「十字軍東征」（一二〇二—一二〇四年），竟然出現荒唐的結果，這一團人根本沒有去到耶路撒冷，而是轉入拜占庭。拜占庭信奉東正教，照道理說，也是基督教世界的一部分，可是前面幾次十字軍累積的經驗，讓西方知曉了拜占庭帝國的富庶，發現東征沿路能得到的好處，遠遠不如攻打拜占庭，而且打拜占庭比打穆斯林要容易得多了。

於是這支不去耶路撒冷而去了拜占庭的十字軍，實際上成了強盜隊伍，進出拜占庭的君士坦丁堡，擄劫了大批財貨，甚至連假裝一下都沒有，立即帶著收穫轉頭回家了。「十字軍東征」成為以宗教做藉口的一樁集體生意，連結了許多人，刺激出許多歐洲中古時期不可能有的新鮮現象，也是使得歐洲告別中古、走向文藝復興的主要歷史因素。

十字軍東征時，伊斯蘭文明在各方面都比基督教文明來得進步。十字軍剛開始在戰鬥上稍有所獲，但到了十三、十四世紀，伊斯蘭文明靠著更有效的技術，在戰場上逆轉了局面。一二九一年，十字軍占有的阿卡城陷落（The Fall of Acre）；接著一三〇三年，最後一個據點阿瓦德島也被攻陷（The Fall of Ruad），十字軍節節敗退，讓出了原先占領的地中海東岸地區。

在這過程中，歐洲見識並吸收了伊斯蘭文明的先進成分。義大利的城邦，從熱那亞開頭，佛羅倫斯、威尼斯接著加入，在航海技術上也得到了重大突破。

東西交流史上，意義最重大的事件之一，就是指南針在十二世紀左右從伊斯蘭世界傳到了歐洲。在此之前，歐洲船隻出海，只能沿岸航行，保持目視可以看見陸地。自從有了指南針，靠著指南針標定航向，於是有了「離岸航行」的條件。

從「沿岸航行」到「離岸航行」，在航海技術上是很大的飛躍。「沿岸航行」必須隨時可以改變方向，朝岸靠近，因此船隻不能離岸太遠，船底也就造得淺，不然會有擱淺的危險。「離岸航行」就不受此限制，可以從水深的港口出發，再到另一個水深的港口停靠，所以能造吃水較深的大型船隻，每趟航行也能載運更多的人和更多的貨物。

人們很早就注意到、也懂得歸納天象上的指引，白天靠太陽、夜晚靠星星來辨識方向。對於天象的觀察，累積了上千年的經驗，也因為航行距離不遠，經緯度不會有太大差異，可以配合不同季節，明白太陽與星星方位的微調變化。不過這種方式有無法突破的根本限制，那就是太多時候海上看不到太陽、也看不到星星。簡單的陰雨天就足以使海上的人失去指引，變得盲目，不知道自己究竟朝哪個方向航行。

海上的人怕變天。變天首先看不見太陽、看不見星星，再嚴重一點，甚至連陸地也看不見了。為了不離開陸地太遠而造的船隻吃水較淺，如果有風有浪，又很容易傾覆。

所有這些狀況，都因為指南針這樣一個小小的設備而改變了。指南針簡單到可以只是浮在水盆裡的一根磁針就夠了。但這樣一根針，保證永遠不差地指著同一個方向，消滅陰雨天帶來的盲航恐懼，同時船隻也不必再如此依賴看得見陸地的航海條件。

十二、十三世紀歐洲的船隻開始試驗「離岸航行」，航路逐漸離岸愈來愈遠。離岸愈遠，水深愈深，船隻就可以造得更大，也就愈能在風雨中保持安全。更重要的，航海運送的成本節節下降，原先無利可圖的物品陸續納入航行交易的範圍內，貿易的可能性也一直擴大。在利益的刺激下，航海事業愈來愈發達，愈來愈多的人才投入這個快速成長的行業裡。

06 海上絲路與指南針的西傳

指南針是由阿拉伯人傳給義大利人，再從義大利半島傳到歐洲其他地方。而阿拉伯人又是在和中國人接觸的過程中，學得了指南針的製作方法。

《不一樣的中國史》第九冊中提過，中國宋朝時，在北方草原與農業民族中間的區域，長期由「中介王朝」掌控著。有西夏、有遼、有金，或並存或前後相續，使得原本中國和西域之間的長期直接來往被阻斷了。党項人建立西夏，控制了絲路，只有借道西夏才能運用這條歷史通道。而遼朝的成立，國土範圍更廣，壟斷了中國到中亞的通道。在歷史上，西方曾經用一個特別的名詞稱呼中國，叫做Cathay，很有可能就是從「契丹」的發音轉換的。顯現當時在東西交流上，契丹人建立的遼國占據了關鍵位置。

因為原本通往西域的道路被阻斷了，北宋一度試圖開發另一條替代道路，改經青海西行。但這條路的條件比經由河西走廊的傳統絲路難走，沒能維持多久就放棄了。

北方與西域間的通路被阻擋了，同時南方持續繁榮發展，到了近世時期，無論從各方面看都比北方重要。於是在南方出現了另外一種交通路線的可能，就是透過海路。南方的開發帶動了航海活動，海運應運而生。宋朝之後，中國沿海的航行活動愈來愈頻繁、愈來愈發達。

兩項條件使得中國航海事業進一步成長。第一是伊斯蘭世界的船隻，從巴斯拉（Basra）出發，經過波斯灣、印度洋，從麻六甲海峽進入南海，逐漸摸索到達東方。第二是找到了最適合海運的物品，那就是中國的瓷器。中國瓷器的製造水準，在此階段遠遠超過世界其他地方。白瓷、青瓷品質之精良，讓其他地區的人嘆為觀止。而在這時候，封建制度下的歐洲地區開始出現較為穩定的貴族階層，進而需要能夠標示身分的奢侈消費，兩者配合在一起，遠在中國製造的精美瓷器，就成為歐洲貴族生活的象徵性物品。

如果不是靠海運，瓷器無法運送到那麼遠的地方。北方陸路交通靠的是絲路，為什麼叫做「絲路」？因為主要的長途運輸物品是絲織品。絲織品重量輕，而且不怕路途上的持續搖晃顛簸。用牛車、用馬匹，有些地方用駱駝，運送絲織品沒問題，但有人會願意這樣運瓷器嗎？

瓷器不只重，而且脆弱，陸運途中破損的比例太高，一百件精瓷走「絲路」去歐洲，恐怕連一件都無法完整到達吧！海運是瓷器西運的唯一管道。從伊斯蘭地區到更遠的歐洲都有對於中國瓷器的需求，瓷器貿易帶來的龐大利益，有效地刺激了中國沿海地區航運的發展。

這個時期的中國航海者已經能夠普遍、純熟地運用指南針。阿拉伯的船隻摸索來到東方，和中國船隻接觸、交易，很容易就學到了指南針的製造與運用方法，大約十二世紀左右，指南針就開始西傳了。

07 市舶司與驛站，海陸交通的重要設置

西元九七一年，宋朝成立了最早的海上貿易中心——廣州市舶司。「市舶司」這個對外貿易的機構在宋代持續發展，到了南宋時，由南到北，有廣州、泉州、溫州、明州（今浙江寧波）、錢塘江口的杭州、將長江水運和海運連結起來的秀州（今嘉興到上海一帶），還有最北方、位於今山東膠州的密州市舶司（南宋時已非境內）。

市舶司的分布很廣，而且顯然船運的對外貿易量一直在增加。剛開始瓷器是大宗，接著傳統的陸運主力貨物——絲織品也改以海運出口，可以不受北方「中介王朝」的干擾與阻撓。

市舶司不單純只是管理貨物進出口，還發揮了集散地的功能。在中國南方乃至東南亞的特色物產，就集中運送到這些中心。也就是聯繫南方及東南亞，有一片海運網絡形成了。貨物集中之後，再用大船運往西方，主要以伊斯蘭世界的港口為目的地。這裡又形成了另一個範圍更廣遠的海運網絡。

蒙古帝國建立後，情況就更熱鬧了。歐亞大陸的交通有了更龐大、更明確的誘因。蒙古帝國內的幾個汗國在行政上並不互相統屬，卻保留了諸汗國對大汗效忠的許多象徵儀式。大汗去世、

選拔新大汗、大汗即位，各個汗國都必須積極動員。汗國之間無論距離多遠，都還是由發達的驛站系統連在一起。

蒙古帝國的驛站網絡比秦始皇時的馳道更長、更遠，路上不時頻密地傳遞著帝國間的訊息。這些聯繫汗國的訊息傳遞，保證了驛站系統一直有人看守、有人維護。驛站系統的正常運作又促成了汗國之間訊息的維持與互通。帝國之中有一個被重視、相對安全又分布廣遠的交通網，這是在此之前人類歷史上前所未見的特殊景象。

安全的長途道路當然有利於交通和貿易，也就產生了蒙古帝國境內特殊的多向遷移活動。有從中亞、乃至遠自俄羅斯來的基督徒，特別成為「也里可溫」，遷進中國來居住。雖然資料較少，但應該也有中國人遷出到帝國其他地方的。

明確有記錄的，是旭烈兀西征時帶去的中國工匠與技術人員，有不少人後來就定居在伊兒汗國境內。十三、十四世紀，伊兒汗國進行兩河流域灌溉系統的重整，該項工程應該有中國工程人員參與其中，甚至不排除是出於中國移居者的技術建議，才有那樣的公共工程。

人員的遷徙流動，是在這樣的道路條件下成立的。

08 十四世紀已經存在環遊世界的觀念

不過，有安全的道路，並不代表在道路上長途旅行會是件舒服快意的事。最有名的馬可．波羅，得到教皇的委任，帶著信函和禮物要從義大利前往中國，原本教會的兩位修士代表一道同行，然而到了半途，兩位修士就不願意繼續前進，畢竟太遠、太危險了。

剩下來包括馬可．波羅和他的父親、叔叔等人，花了四年時間才終於抵達目的地上都，後來又到了大都。他們為什麼沒有放棄、沒有回頭？表示雖然路途的確遙遠，過程的確艱辛，但他們知道繼續走下去是可以走得到的。這個長程道路網在蒙古帝國的保護下，讓有毅力的人能夠克服距離，將西方和東方連結起來。

一條最有名且重要的東西交通之路，是從金帳汗國的首都薩萊（在今俄羅斯西南的窩瓦河下游），直接通往蒙古和林。然後由和林往南，通向上都、大都。馬可．波羅他們走的就是這條路。這條路穿行中亞，中途另有一條岔路從和闐分出去，自天山南路進入維吾爾地區，接上古代的絲路，沿著河西走廊到達黃土高原。如此擴張了中國和西方的交通路徑。

中國和金帳汗國之間主要靠陸路，而和伊兒汗國之間的交通，除了有一條通過今天阿富汗北邊的陸路之外，還有一條以泉州作為終點的固定海路。

二〇〇三年美國軍隊入侵伊拉克，短短二十六天內就結束了正式的戰鬥。美軍是由南往北進攻，打入伊拉克的首都巴格達。過程中遭遇伊拉克大有名氣的「共和國衛隊」唯一像樣抵抗的地方，因而新聞上不斷出現這座城市的名字，就是Basra（巴斯拉）。這是一座古城，蒙古帝國時是伊兒汗國海路交通的主要起點。

由巴斯拉出發的船隻，進入波斯灣，經阿拉伯海、印度洋，通過麻六甲海峽，最後到達泉州。當時泉州是中國最大的港口，甚至可能是全世界最大、最繁榮的港口。

十四世紀時，有一位伊斯蘭世界的旅行家伊本·巴杜達（Ibn Battutah, 1304-1369），出生於北非摩洛哥，年輕的時候就確立並積極實現他的壯志——要將當時所知道的世界周遊一遍。這意味著當時在伊斯蘭世界已經存在一個可以環遊世界的觀念，交通條件已經足以讓他們認識並嘗試去經歷這個廣大的地理範圍。

已知的世界中，對伊本·巴杜達來說最具吸引力的就是大汗之處，也就是元朝的中國。他後來寫下了《伊本·巴杜達遊記》，如果將書中所記錄他到過的地方連接起來，顯示在三十年的時間裡，他旅行了十二萬公里的距離。他應該是人類歷史上第一位終身行程超過十萬公里的旅行家，親身見過許多不同文明中的不同地方。依照他的豐富經驗，他在書中評斷：中國泉州是全世界最大、最繁榮的港口。

09 以國家力量經營船運與海上貿易

和宋朝從廣州市舶司開始建立的海運狀況相比，元朝轉而以泉州為中心，創造出更明確的貿易圈。元朝的海運貿易圈有裡、外兩層，而泉州就是裡、外兩圈的交集處。

裡面比較小的是東亞貿易圈，北方延伸到日本，是日本船隻進入東海的開始，也是後來所謂「倭船」在這塊海域頻密活動的開始。另外，高麗和東南亞地區也包納在這個貿易圈中。這個貿易圈最主要的流通品是中國的絲綢，其他各地則以當地的特產來換取絲綢，於是在過程中，等於一方面將中國外銷的絲綢集中到泉州來，另一方面也將東亞的特色產品都集中在泉州。

如此，泉州便有條件可以開發另一個更大的海運貿易圈，將絲綢、瓷器和集中在此地的東亞特產，尤其是南洋的各式香料，運往西亞及歐洲。泉州的地理位置正好在東北亞與東南亞的中央，方便從印度洋東來的船隻就近靠岸，因而得以扮演起這樣的貿易雙重中心角色。

元朝繼承宋朝的市舶司機構（也稱「市舶提舉司」），既負責管理港口、徵稅，也負責監督在港口進行的貿易行為。另外，據《元史．食貨志二》的記錄，在杭州、泉州還成立了「市舶都轉運司」，類似今天國營事業的功能。由朝廷出錢造船，同時準備經費，然後招用契約船員，將船隻航行到各地進行貿易活動。每一趟航程完成後結算，按照契約規定將利益分成，朝廷一般可得到其中的六到七成，其他部分歸船員。這是以國家力量經營船運與海上貿易最早的例子。

值得注意的是，後來歐洲大航海時代的冒險航程，許多也是以這種方式安排的，如此給予航行者高度的利益動機，願意承擔不確定的風險，以換取可能的高報酬。奠定大航海發現基礎的這種安排，說不定就是受到元朝制度的啟發與影響。

南宋末年擔任過「泉州市舶提舉官」這個職位的人，最有名的是蒲壽庚。這是他的中文名字，他實際上是個阿拉伯人。蒲壽庚和他的兒子蒲師文，還有他的孫子蒲居仁，連續三代掌控泉州，成為當時全世界海運交通上最有權勢的一個家族。蒲師文的女婿那兀納更建立了自己的船隊，規模高達八十隻船艦。他們家從船運貿易中累積了龐大財富，據說光是聚積的珍珠，數量多到無法一顆一顆計數，而是用「石」為單位計算，像算穀子一樣。他們家竟然擁有一百三十石的珍珠。

蒙古帝國的存在開拓了海上交通的範圍，為後來明朝初年「鄭和下西洋」的壯舉提供了歷史基礎。鄭和的龐大船隊，就是從泉州的國營造船事業中延伸發展的。鄭和的船隊得以遠航到非洲東岸，憑藉的也是在元朝逐步成熟的沿岸航行技術。雖然鄭和的航程很遠，不過以當時的航海技術來說，並沒有太大的風險，運用的是之前就已經存在的沿岸航路。

10 羅馬教廷與蒙古帝國的交流

蒙古帝國對於宗教相對寬容，和當時其他地區，尤其是基督教和伊斯蘭教之間的高度緊張、衝突狀態，形成了強烈對比。於是抗衡、鬥爭中的基督教和伊斯蘭教，都有強烈動機想要拉攏蒙古，來增加自身的實力。這是刺激國際交通的另一項因素。

在蒙古帝國境內，出於統治上的考慮，有了特殊的宗教交錯現象。統治俄羅斯地區的金帳汗國，選擇和伊斯蘭教聯盟、藉此壓制基督教的立場。相對地，以波斯為主要領土範圍的伊兒汗國，則採取了親近基督教的態度，來和當地多數的穆斯林人口區隔。

旭烈兀殺害伊斯蘭哈里發時，就曾經引發了金帳汗國以伊斯蘭教衛護者身分入侵而導致的蒙古內鬨事件。不過到了十三世紀末，當合贊汗統治伊兒汗國時，卻從支持基督教轉為信奉伊斯蘭教，並將伊斯蘭教定為國教。基督教和伊斯蘭教在蒙古帝國境內的競逐更形激烈。

伊斯蘭教一方面其分布區域更接近蒙古人的發源地及大汗所在的中國；另一方面，當時稱為「回回」的穆斯林大量進入蒙古統治機構中，發揮了協助行政運作的重要作用。這是他們的優勢。

基督教方面，羅馬教廷意識到在爭奪聖地一事上，爭取蒙古人的支持可以產生很大功效，所以多次派遣代表到蒙古來爭取合作聯盟。馬可．波羅也是受到教宗指令東來的，到達上都之後，在中國待了十七年之久。而他離開中國時，也是身負任務的，只是這時承擔的是大汗交代的任務，要護送闊闊真公主嫁到波斯去。他從海路順利抵達波斯之後，才轉由陸路回到離開超過二十年的家鄉威尼斯。

一二九四年，教宗派遣了一位叫約翰．孟德高維諾（John of Montecorvino, 1247-1328）的神父來到大都。五年之後，一二九九年，他成立了在中國的第一座天主教堂；再過八年，他被教宗任命為汗八里區（「大都」的突厥語，意「大汗之城」）總主教，也就是中國地區的第一位主教。大都出現天主教堂之後十四年，南方的泉州也建立了中國的第二座天主教堂。

一二八七年，當時仍支持基督教的伊兒汗阿魯渾（合贊汗之父），想要聯合基督教國家攻取耶路撒冷和敘利亞，便派遣一位出生於大都的景教徒，歷史上留下來的名字叫列班．掃馬（Rabban Sauma, 1225-1294），作為特使前往歐洲。「列班」其實是敘利亞文「老師」的意思。列班．掃馬到了羅馬，不巧遇到教皇虛位，於是轉往巴黎，晉見了法王菲利普四世，又在法國西南部的加斯科涅（Gascogne）見到了英王愛德華一世，然後再回到羅馬去見當時的教宗。

列班．掃馬從大都遠至歐洲巴黎，行跡正好和馬可．波羅反向對應，也是最早從中國去到歐洲的使節旅行者。雖然後來這場籌劃的合作並未真的成行，不過這件事清楚顯現了，在十三、十四世紀時，歐洲人感受得到蒙古人介於基督教和伊斯蘭教信仰間的微妙地位。

11 造紙術和印刷術帶給歐洲的衝擊

因為和蒙古帝國接觸，歐洲人驚訝地發現了紙鈔。當時歐洲的交易行為必定要以貴重物品，即本身具備高度價值的東西為中介，尚未理解如何利用紙鈔，更無法理解運用紙鈔背後的政治、社會保證機制。

在這方面，中國走在歐洲前面。紙鈔已經在宋代進行了種種試驗，到了元朝，也有了完整的貨幣準備概念與制度。元朝蒐集金、銀等貴重金屬，鑄成金錠、銀錠，作為發行紙鈔的基礎，紙鈔的運用比宋朝時還要更普遍。

這個時期的歐洲史料上，多次出現對於這種新鮮貨幣的描述。以類似像布的纖維做成，只有巴掌大小，看起來完全不起眼，竟然能換得很有價值的東西！對歐洲人來說，那簡直像是魔術般的奇觀。

紙鈔還有一項特色，就是本身的材質。造紙這個觀念並不困難，困難的是便利又可以快速大量造紙的方法。歐洲曾有過類似的運用天然纖維的發明，但並未進一步形成有效的製程。中古時期的歐洲，主要的書寫材料是特別處理過的羊皮。但「羊皮紙」成本高、製作不易，而且和羊毛、羊皮的其他運用方式造成競爭，使得羊皮紙無法普及。

相應產生的現象是，第一，書寫始終掌握在極少數特權人士的手中，文字被視為主要替教會服務的。只有和宗教有關的重要訊息，才值得使用珍貴的羊皮紙，費力地書寫下來。一般普通人看不懂文字，也不需要知道文字的用處。

第二，羊皮紙貴重，而且具有可以將寫過的表面刮掉後（雖然無法徹底刮乾淨）再寫的特性，也影響了當時歐洲文明對於書寫的態度。在中國，書寫的材質從最早的甲骨、青銅器，到竹簡，再到紙張，共通之處都是寫上去了就難以改變。所以中國人看重書寫的內容，看重這種可以長期存留、不會變動的特性。用羊皮紙書寫就沒有這樣的保障，書寫在歐洲的作用與意義因而也不一樣。

蒙古帝國的存在，將紙鈔傳入了歐洲，[10]更進一步，和紙、和書寫密切相關的印刷術也隨之到達歐洲。在此之前，文字書寫就意味著人工抄寫，一份一份慢慢寫，當然也就不可能大量製造，產生普及效果。

宋代時的中國，已經從早期的雕版印刷發展出新的活字印刷。不過活字印刷運用在漢字上並沒有多方便，還是要刻那麼多不同的字，排版時還是必須在眾多的文字中找出正確的字，並不能省下多少人工。但活字印刷進入運用拼音文字的社會，那效果可就既快速又神奇了。

不像在中國，需要刻寫、儲備幾千個不同的活字版；在歐洲，只需要刻幾十個包含大小寫變化的不同字母，就很容易拼起一整張書頁了。於是印刷術帶來的衝擊，在歐洲簡直無法衡量。

在很短的時間內，教會對於書寫的特權壟斷瓦解了。拉丁文作為唯一值得被書寫的文字系統的地位，受到了嚴格的挑戰；各地的方言很容易可以利用拼音的方式書寫下來、再印刷出來，於是方言文學開始流傳。接下來，原本只能在教堂裡聽教士誦唸、解釋的《聖經》內容，現在也可以印刷出來讓一般人自己保存了。人們可以自己閱讀《聖經》、理解《聖經》，《聖經》的權威高於教會，於是教會的地位也開始動搖了。

這一切變化在歐洲來得又急又快，進入十六世紀後，就是在這樣的變化基礎上發生了「新教革命」。馬丁．路德明確主張：人有直接從《聖經》接收神聖訊息的權利，拒絕羅馬教會聲稱的唯一權威。和羅馬教會明確決裂後，馬丁．路德最重要的工作，就是將《聖經》由拉丁文翻譯為德文，印刷並傳播德文《聖經》。

毫不誇張地說，這些翻天覆地、徹底改變歐洲歷史的事件，都建立在紙張與印刷術的物質條件基礎上。也就是因為蒙古帝國的存在，引動頻密的東西文明交流而產生的。

10 至於造紙術的西傳，主要說法是唐玄宗天寶十年（七五一年），唐朝與大食國爆發「怛羅斯之役」，唐軍失利，遭俘的唐軍中有造紙工匠，造紙術由此傳入阿拉伯地區。撒馬爾罕成立了第一座造紙坊，七九四年第二座造紙坊在巴格達設立。直到十字軍東征時，造紙術才由阿拉伯傳到歐洲。

第五講

「殺韃子」與漢民族意識

01 朱升的三句建言和明王信仰的聲勢

西元一三五七年，後來成為明太祖的朱元璋三十歲，在反抗元朝的軍事行動中獲得了一些成果，卻又受到新近的挫折。在周圍策士的建議下，他去找了當時江南的大儒朱升，一方面顯示尊重士人，另一方面也想藉由同為朱姓來擴大宗族關係。

見面時，朱升給了朱元璋有名的三句建議：「高築牆，廣積糧，緩稱王。」（《明史・朱升傳》）這三點其實是同一件事的三個面向，也就是要朱元璋在群雄並起時，先確保厚植自己的實力。打下了一座城，先防守好，不要再被其他軍隊奪走；然後要能養活軍隊，收納歸附進來的老百姓。還有，不要急著給自己太高的地位，免得樹大招風，成為其他人團結起來攻打的對象。

朱升的建議對朱元璋日後的決策產生了很大影響，因為確切碰觸到朱元璋此時在局勢上遭遇的最大困擾。那就是不只群雄並起，而且在他自己崛起的區域附近，還有另一股勢力持續坐大。要打、要和，還是要形成聯盟？對朱元璋來說是個麻煩的大問題。

那股勢力是由陳友諒領導的。接下來幾年，朱元璋和陳友諒在江南形成對峙局面，到一三六三年，終於爆發在鄱陽湖的大型水戰，陳友諒大敗，朱元璋得以成為當時長江中、下游到淮河流域一帶最主要的軍事勢力。即使如此，他都還是忍耐著再等了幾年，一直到一三六八年才稱帝，建國號為「明」。

刺激朱元璋稱帝的其中一個事件，是一三六六年的韓林兒之死。在當時，就有人懷疑韓林兒之死是朱元璋計畫的；到了後世戲文中，更是加油添醋地描繪朱元璋的種種算計與陰謀。

無論是不是朱元璋下手的，韓林兒之死對朱元璋真的太重要了。韓林兒當時的稱號是「小明王」，他是韓山童的兒子，繼承父親成為組織的領袖，而這個組織主要是依靠「明王信仰」建立起來的。

「明王」指的是彌勒佛降生，重臨人間，會給百姓帶來至福。「小明王」則是為「明王」出世做準備的人。信奉、追隨「小明王」就能鋪設好一切的條件，促使「明王」降臨，進入美好的新時代。

朱元璋也和這股「明王信仰」有著密不可分的關係，延續這股強大的社會力量，才會在稱帝時將新的王朝取名為「明」。他一貫的態度都是認同從「明王信仰」而來的「明教」，「小明王」在那個動盪局勢中是最具有合法性的。所以建國號的時候，朱元璋心中便認定了彰顯和「明王」間的關係是最首要的考慮。

02 宗教寬容下，至福投射的白蓮教興起

朱元璋很有戲。意思是後來的戲文中有很多和朱元璋有關的戲目，也有些固定的梗。像是在歌仔戲傳統中，只要牽涉到朱元璋，幾乎毫無例外，一定會有劇中人說一句：「臭頭和尚做皇帝。」這關係到他的出身背景。在中國歷史上，幾乎找不到另一位當上皇帝的人，其原本的出身如此卑微，地位高下的轉變如此戲劇性的。

中國歷史上很久不曾有過這樣的事情了。漢末以降進入中古門第社會，就算以軍事武力取得皇位，也沒有辦法維持政權。唐朝、宋朝的創建，都是來自原本政治系統中已經有地位、有基礎的人。

為什麼說他是「臭頭和尚」？因為他不只真的在廟裡當和尚，而且還不是自願去廟裡的，是因為家中太過貧困，無以為生，只好投靠寺廟求一口飯吃。

一般和尚都會有法號，但朱元璋的法號是什麼？應該很少人知道吧？不是大家的歷史知識不夠，而是朱元璋十七歲入「皇覺寺」，沒多久就因為當地飢荒而離寺，三年後才又返還，很可能在寺中的資歷與地位還不足以讓他得到正式的法號。也就是他連當和尚都不是正常地位的和尚。

再看他後來和白蓮教之間的密切關係，我們更容易推斷出他雖入佛寺，卻沒有固定的佛教信仰。蒙古人建立元朝，對於社會上的宗教普遍寬容，白蓮教得以在這樣的環境中擴張。

在中國，民間小傳統中一直有著各種不同的宗教，但絕大部分時間都遭到了壓抑，無法脫離地方性的規模。最強大的壓制力量，就是來自士人的大傳統。無論是儒家的價值觀，或是道家的追求，都輕視並反對高度儀式化、非理性、沒有教理教義的宗教。佛教能在中國站穩腳步，受到士人尊重，靠的不是燒香拜拜，而是龐大的經籍，以及複雜深奧的教理。

不過大傳統中的入世態度、反迷信觀念，也並非中國文化的全貌。在社會底層，不同的地方角落裡，始終存在著比較非理性的宗教。在元代，士人文化和政治脫勾，蒙古政權並不具備原本的士人價值態度，於是給予這些底層的、地方性的宗教有了組織化發展的機會。

白蓮教不可能像基督教、伊斯蘭教或儒教那樣得到官方的正式承認，但在元朝社會中得到了充分的空間，將組織擴張，離開有限的地方，形成了區域性、乃至近乎全國性的網絡。

從六朝以來，佛教就是中國最重要的宗教組織，卻也陸陸續續在歷史上出現和世俗政權間的種種衝突。近世社會中，在地方上除了州縣等地方政府之外，還有和地方政府關係密切、由士人固守的宗族組織。透過科舉，透過同樣的官職任用體系，地方仕紳家族和地方政府互動緊密，在社會上形成統一陣線。不過在此社會連結組織之外，另有佛寺的勢力，就很容易產生衝突。

在一種狀況下，佛寺可以得到較大的發展空間，那就是盡量和既有的地方仕紳組織平行存在。除了擁有自己的田產、佃戶，財務上獨立外，更重要的，是減少對於仕紳家族系統的干擾，避免從他們的組織中尋求出家成員，降低對於破壞家庭行為的宣傳。

原本世俗政權長期以來對佛寺的看守與監管，到了元朝明顯放鬆了。於是地方下層社會的宗教組織大為活躍，白蓮教便曖昧地宣稱自己為佛教淨土宗的一支，逐漸興起、壯大。

白蓮教主要的供奉對象是彌勒佛，不能說和佛教沒有關係。然而在白蓮教信仰中，彌勒佛主要代表了一種至福的想像投射。彌勒佛為什麼總是笑口常開？因為在祂那裡不再有苦難、不再有折磨，只有幸福。沒有什麼具體的教義教理，基本上就是教導信徒相信彌勒佛，祈禱並等待彌勒佛再臨。這樣的崇拜形式不需要太多的解說、思考，很容易在下層社會或貧苦人家間流傳。

03 官軍被看扁，元末社會快速軍事化

白蓮教在一三三〇年代出現了變化。背景是經過元朝長期統治，士人和中央政治權力脫節，逐漸地，他們在地方上的勢力也因為缺乏來自中央的聯繫與加強而開始式微。不只如此，他們和

地方政府之間的關係也必然日益疏離。

仕紳缺少了來自中央和地方政府的資源與支援，能夠擔負責任的能力下降，相對地影響力也就無法一直維持。原先平日裡他們管理義田、義學，盡到對宗族內部照顧的責任；更關鍵的是在非常時期，例如遇到旱澇災厄、飢荒不濟，他們還會出面賑救。

仕紳式微，主要反映在遇有非常狀況時，他們能夠提供賑救的能力下降了。於是原本指望、依靠他們的農民百姓，只好轉而求助於宗教組織。仕紳的影響力下降，而在寬容政策下宗教擴張，如此一消一長、一降一升，到一三三〇年代就出現了決定性的交錯。

當地方的日常生產、分配、消費等循環狀況被破壞後，遭逢災難發生時，仕紳便無法立即反應，無法有效救濟，於是白蓮教起而取代了仕紳的角色功能，活動性大增，同時也爭取、拉攏愈來愈多的信徒。這股在地方上的集體組織力量，明確地壓過了仕紳。

與此平行發展的，還有元朝軍事系統的荒廢與殘敗。進入中原半世紀以來，農業環境畢竟從根底上腐蝕了意圖保留草原軍事組織的做法。這時候的元朝軍隊，變得既不可能維持草原活力，又遲遲無法調整、適應農業地形與條件，徒具種族上的特權地位而已。

一三三八年，周子旺率饑民劫掠，遭官軍襲擊，周子旺受俘被殺。他身邊的一個和尚彭瑩玉帶著一部分人逃走，流竄各地。彭瑩玉來自江西袁州，流竄過程中，在所到之處積極宣傳彌勒佛信仰，他是「紅巾」勢力的起源。

關於元末社會，有一本具有高度史料價值的書，那是陶宗儀所寫的《南村輟耕錄》。其中有一段說：

中原紅寇未起時，花山賊畢四等僅三十六人，內一婦女尤勇捷。聚集茅山一道宮，縱橫出沒，略無忌憚，始終三月餘。三省撥兵，不能收捕，殺傷官軍無數。朝廷召募鹺徒朱陳，率其黨與，一鼓而擒之。從此天下之人視官軍為無用。不三五年，自河以南，盜賊充斥，其數也夫。（《南村輟耕錄．卷二十八》）

「紅寇」指的就是「紅巾軍」。先是有花山地方的反亂者幾十個人，特別的是，還有勇捷的婦女參與其中。他們的基地是一座道教宮廟，經常出動劫掠，一共動用了三省的兵力，三個多月竟然都還不能拿他們如何。不得已，朝廷改變策略，找來附近其他的民間勢力，借助鄉勇的力量，結果達成了三省官軍都無法達到的效果，將這股反亂勢力收拾了。

如此清楚對照下，從此之後，全天下都將官軍看扁了。於是幾年之內，受到刺激鼓舞下，各方的叛亂現象反而更加猖獗、蔓延。

幾年之後，到了一三四一年（元順帝至正元年），盜賊蜂起的狀況到達新的高峰。《元史》和《明史》中都描述光是這一年，各地就有三百多起的盜賊勢力。對應陶宗儀的說法，情況就很明白了，這是系統性的崩壞，官軍徹底失去威震效果，進一步產生社會失序的連環反應。

官軍無力鎮壓反亂，也就無法保護既有的社會秩序，在無法依賴官軍保護的情況下，人民只好想辦法武裝自保。而一旦武裝之後，就不必然僅止於自保，遇到災荒饑饉時，也就自然化被動為主動，自保的實力很容易轉而用在攫奪資源上。

具體發生的就是元末中國社會的快速軍事化。鄉民紛紛打造自己的武器，組織自己的鄉勇，一方面抗賊、一方面做賊，所以會有一年之中出現三百多起盜賊活動的亂象。

04 「紅巾」和「黃巾」，歷史上的既視

元朝統治的關鍵基礎，在於具備強大的軍事打擊能力。蒙古人滅亡宋朝、統一中原之後，其實很少再動用武力，主要的軍事力量也都配置在北方，面向草原而不是面向中原。他們的信心、也是他們的危機感來源，都是——只有蒙古人可以挑戰、打敗蒙古人。

蒙古人的信心感染了在種族分層統治下被壓抑的漢人，他們的集體意識中一直存在著對蒙古

人的畏懼。而對蒙古人的畏懼，和對蒙古軍事力量的畏懼，基本上是分不開的。

元朝由蒙古人掌控國家的軍事力量，卻暴露出不堪一擊的面貌，成了紙老虎，鼓舞了民間建立武力反抗朝廷，繼而快速瓦解了統治的根基。

社會全面軍事化，到處是小股的武裝勢力，誰也不服誰，很難整合。這個時候，宗教——尤其是流傳於下層社會的宗教——就有了特殊的角色。進入一三四〇年代，最醒目的現象就是，一方面地方上普遍軍事化，另一方面白蓮教逐漸成為串連各地小型武裝勢力的主要元素，創造出高於地方之上的統合組織出現的條件。

一三四〇年代之後，「紅巾」大盛，朝廷稱之為「紅巾賊」，他們自稱「紅巾軍」。「紅巾」和發生在東漢末年的「黃巾」一樣，都是一種識別標誌，代表對於朝廷的反抗。如同歷史上的「既視」（Déjà vu）[11]現象般，間隔千年，「紅巾」和「黃巾」形成了類似的平行發展模式。

「黃巾」最早是張角帶領的「太平道」發明的，然而很快就流行到各地，擴大了它的意義，只要是對朝廷不滿的人，就都綁起「黃巾」，於是產生了連環效果，使得原本散亂的反叛勢力突然之間看起來變成了龐大的組織。「紅巾」也有這種讓各地自發的反元勢力得以彼此連結、合作的效果，同樣也有快速擴大聲勢、威嚇朝廷的效果。而且「紅巾」能夠維持作用，背後也有宗教的力量，那就是白蓮教，以信奉彌勒佛再世為鬆散的共同信仰，也是最高的統合權威。

「紅巾」並不是從一個核心、嚴整的宗教團體向外擴張的，而是將原本就存在的零星反抗勢力，以及白蓮教信仰團體，都鬆散地組合起來，使得各地自主的軍事化現象進行整合。

讓情勢雪上加霜的還有天災。黃河決堤改道，造成豫東、魯西、皖北一帶狼藉一片，經濟生產完全被水患破壞，社會解紐，大批民眾流離失所。到了一三五一年，當時的宰相脫脫，加上重要的水利專家賈魯，發動了治理黃河的工程，需要集中動員十五萬民工。沒有這樣的大量勞動力就無法治河。然而在已經動亂的區域，再強迫這麼多人聚集在必然不佳的勞動環境中，結果就是提供了反朝廷的白蓮教散布信仰的最佳溫床。

另外在淮西有「妖僧」彭瑩玉聚攏了大批信眾，形成了「南紅巾」。後來彭瑩玉兵敗被殺，這支軍隊就由徐壽輝領導（徐宋政權）。

徐壽輝的出身比大部分群眾高一些，原本是個布販，累積了較多的見識與經驗。他手下有兩名「元帥」，即倪文俊和陳友諒。這兩人都有更大的野心，經過內鬥，陳友諒先除掉了倪文俊，接著又推翻了徐壽輝，取而代之。

11 「既視感」（Déjà vu）是由十九世紀法國心理學家艾米利·波拉克（Émile Boirac）提出的，也就是一種「似曾相識」的感覺，對於周遭的景象有熟悉感，好像曾經歷過一般。據統計，大約百分之七十的人在一生中至少會經歷一次「既視感」。

05 南北兩大「紅軍」：徐壽輝與韓林兒

韓山童出身白蓮教世家，祖父就曾經因為「燒香惑眾」而被朝廷懷疑、整肅過。韓山童自稱是白蓮教教主，身邊有一位重要的策士叫劉福通。劉福通建議韓山童到治理黃河的河工間去傳播白蓮教信仰，爭取更多的信徒。這個策略顯然很成功。要叫被朝廷徵用，被迫離鄉背井來做苦工的人，期待、嚮往一位「明王」帶來的幸福未來，當然不難。

韓山童進一步借「獨眼石人」的讖言來鼓動造反，成功煽動、聚集了一群人，準備在潁州起事，就是「北紅巾」。這樣的大動作引來官軍追擊，過程中韓山童被殺。他的兒子韓林兒得以逃脫，後來和繼續舉事的劉福通會合、重整之後，仍然樹起白蓮教的旗幟，自稱「小明王」（韓宋政權）。

「北紅巾」其實也沒有多「北」，活動區域在淮河流域；「南紅巾」則占據長江流域。除了南北分布之外，「北紅巾」選擇往東的方向發展，進入山東；「南紅巾」則相反朝西，沿長江上溯，還有一支由明玉珍帶領的部隊進入四川盆地，在那裡待了很久（明夏政權），直到明朝成立後才被解散。

治理黃河工程提供了白蓮教在短時間內拓展勢力的大好機會，分南、北兩股「紅巾」各自擴張，在形勢上占領了元朝的中部地帶，實質上將元朝的統治南北切分開來。

「北紅巾」一方面有白蓮教世家的韓林兒當領袖，一方面劉福通重視彌勒佛信仰的重要性，也比較關心組織；而「南紅巾」從徐壽輝接掌後，就相對朝世俗權力的方向發展，對信仰不是那麼看重。不論在信仰強度上，或是組織嚴密程度上，南、北逐漸有了差距。

在劉福通的設計下，韓林兒陸續取得了多重身分。第一個身分是「正統」的白蓮教教主，然後又在這上面多加了一個更高的，界於聖、俗之間的身分——「小明王」。這是作為宗教領袖的身分。

還有作為軍事領袖的身分，他是名義上「紅巾軍」的總指揮。韓林兒身上還有一個頭銜，就是宋朝皇室的後裔。這是從韓山童號稱「宋徽宗八世孫」那裡承襲下來的。為什麼會冒出這種明明姓韓，卻是宋朝姓趙的子孫，看起來就有點牽強的說法？

因為集結在「紅巾」旗幟下的南、北兩股勢力，雙方都有軍事武力，雙方都以白蓮教為信仰號召，雙方都以「紅巾」為標誌，彼此是競爭關係。劉福通認為必須打出新的重點，讓韓山童、韓林兒一系在領導地位上可以壓過對方，於是抬出了宋朝皇室，進一步墊高「北紅巾」的合法性。韓林兒便立國號為「宋」，年號「龍鳳」。

06 元末大亂起因：災荒現實？民族主義？

從一三三八年周子旺起事，到這時候不過才十幾年的時間，「紅巾」在南、北壯大，並沒有受到朝廷多猛烈的剿擊。這意味著元朝的內部軍事防衛系統沒有發揮作用，快速地瓦解了。「紅巾」的共同名號，基本上是建立在對付共同強敵的前提下，而到了這時候，確定原本認定的強敵沒那麼強，競爭就變得激烈了。

回到當時的史料，對比之下就看出後來的一些說法，甚至被寫入史書中的記載，不太符合事實。例如，每年到了中秋節都要說一次的月餅起源故事——來自元末漢人密謀「殺韃子」，藉由在月餅中藏紙條來聯繫。這樣的故事與相關歷史敘述長期建立起的印象是：元末大亂起因於強大異族征服王朝壓迫漢人，漢人累積了長期不滿，產生了「殺韃子」的強烈民族主義情緒。

然而史料上顯現的，是宗教因素作用遠超過種族區分與民族主義。「彌勒佛降生」、「明王出世」是反抗勢力的主要動員管道，而不是訴諸民族仇恨。促使民間蜂起主要的動機，是為了應對歉收、水災、飢荒、流離等現實生活問題；而助長蜂起現象的，主要是元朝內部的防衛體系意外地瓦解。這些勢力擺明了反對朝廷，舉事要推翻既有的朝廷統治，但重點並沒有放在將蒙古人趕出去一事上。

朱升建議朱元璋「緩稱王」，就是看到了當時到處有人稱王的亂象，那是民間普遍軍事化的延伸現象，也是各自為政的混亂狀況。

民族主義情緒什麼時候出現，開始發揮作用？主要是南、北「紅巾」競爭下的策略產物。「北紅巾」比「南紅巾」有更堅實的宗教基礎，也有更有效的組織運作，為了進一步徹底壓過「南紅巾」，因而加碼抬出了宋朝皇室權威。

劉福通等人的主張是：具備宋朝皇室身分，必然比徐壽輝或陳友諒更有資格當皇帝。這樣的一種身分約束思考——當過皇帝的人家子孫才有資格當皇帝——事實上是和元朝長期執行的「身分制」統治有著密切關係的。從宋朝皇室的身分延續，才能進一步挑激起漢人與蒙古人的身分區別，才使得漢人民族情緒成為元朝滅亡的一大因素。

然而民族主義絕對不是唯一的因素。和民族主義同等重要的，還有元朝因為地方分權所造成的問題。對付區區「花山賊」必須動用「三省撥兵」，而且竟然還解決不了。從當時的實況來說，應該是：正因為是「三省撥兵」，所以連小股反亂勢力都解決不了。

地方分權之下，朝廷無法統籌，只要是跨行省的事務，就只能交付地方共同處理，因此出現「三個和尚沒水喝」的困窘，毋寧是必然的。「三省撥兵」，誰願意多撥、多承擔呢？表面上看，「三省撥兵」如此鄭重其事，但在沒有穩固統籌的情況下，「三省」一起失敗了，傳出去就變成：「連三個省的軍力合在一起都拿他們沒辦法！」其實，如果不要「三省」聯合行動，由一省單獨處理，應該會有完全不同的結果。

《明史．陳友定傳》中說：

> 元末所在盜起，民間起義兵保障鄉里，稱元帥者不可勝數，元輒因而官之。其後或去為盜，或事元不終，惟友定父子死義，時人稱完節焉。

有盜賊劫掠，就必須有保衛鄉里的對抗武力，而這兩種軍事化組織很容易互換，不會有清楚的界劃，到後來有部隊的人就自稱「元帥」。而國家軍事體制瓦解了的元朝，為了對付盜賊，權宜方便的做法就是承認這些民間領袖，直接將他們認作朝廷武力，去協助攻打盜賊。但今日佳人很可能明天就做賊去了，結果使得朝廷的威信更進一步陵夷，朝廷給予的方便官職當然也就愈來愈沒有效果。

在沒有中央統籌軍事行動的情況下，朝廷的做法反而更加促使民間自主軍事化，結果是一團混亂，難以收拾。

07 朝廷封官為誘，割據勢力忽降忽叛

《明史》特別凸顯了陳友定父子在元末的民家自主武力中與眾不同之處，就是他們接受朝廷「官之」後，沒有轉變成盜賊，也沒有歸併白蓮教或後來的明朝勢力，始終保持對元朝的效忠。

陳友定是從福建汀州起來的，組織了地方的軍事力量以對抗反叛軍，在一場戰役中擊退了「南紅巾」，受到朝廷注意，被授予汀州路總管。之後憑軍功一路升官，從擔任福建行省參政，到行省左丞，再到行省平章政事，等於是副省長層級了。

他的官位很高，做的事卻基本上沒有改變，一直都是帶著自己張羅、訓練出來的軍隊，在家鄉附近的福建省境內打仗，和各式各樣的反叛勢力周旋。

在鄰近的廣州還有何真。何真前段的際遇和陳友定類似，因為盜賊動亂逼近他的家鄉，於是起而編組了軍隊。接戰中打贏了，就獲得官職，而且不斷得到高升。不過等到朱元璋稱帝後，何真就轉而投降明朝。

還有張士誠。張士誠是蘇北泰州人，蘇北是中國主要的鹽產區，而鹽的產銷一貫由國家控管，是朝廷非常重要的收入來源。朝廷要有收入，當然是藉由專賣，大幅加價賣給沒有鹽就過不

了日子的老百姓，造成了鹽的產製成本與市場售價的高度落差。在這種情形下，走私販鹽有極高的利潤。蘇北原先就存在著許多運送、販賣私鹽的地下組織，時局一亂，他們很容易就地上化，成為地方武裝力量。

他們不只有武力，還有從販鹽得來的財力，加上足以阻斷國家正常的製鹽、賣鹽系統，使得朝廷對他們格外忌憚。從鹽的壟斷專賣上得到的收入，最高峰時曾經占元朝朝廷總收入的四分之一，其重要程度無可比擬。

張士誠因為賣鹽給有錢人家經常被欺負，於是趁亂糾眾報復，得到鹽丁擁護，在蘇北組織鄉勇。朝廷先招降他，不久他又叛；朝廷再以「萬戶」職位招降，他不接受，便占領高郵稱王（大周政權）。他積極擴張勢力，壯大到一定程度，更進一步威脅到朝廷對於鹽業收入的掌控。

一三五四年，當時的丞相脫脫下定決心，非得解決這塊心頭大患不可，於是大舉動員官軍去圍剿張士誠。戰事一度對張士誠極為不利，但就在這節骨眼上，力主要剿滅張士誠的脫脫卻因朝廷的權力鬥爭而去職了。政治影響軍事，高郵之圍暫解，張士誠帶領部隊出走，轉而攻占蘇州。

進入蘇州之後，變成張士誠和朱元璋之間有了緊張關係。朱元璋的勢力步步進逼，張士誠感覺抵擋不住，於是又轉而投靠元朝。但後來當他向朝廷請求封爵被拒絕時，他又再度稱王。

張士誠是元末割據勢力的一個典型，在地方上擁有自身的軍事力量，元朝就會以封官為誘，試圖收編。官職來得容易，當然就沒有多大的約束性，於是稍有一點其他變動因素，不管得到多高的官職，他們也都隨時可能翻臉不認朝廷，又獨立稱王，或投靠到其他反叛勢力中。

另外有王士誠和田豐。他們原先帶領部隊在山東抵禦「紅巾」，但仗打不贏，就投降了。當時在山東的官軍指揮是察罕帖木兒，就給予他們特赦，讓他們帶領「紅巾」部隊回歸投誠。王士誠和田豐接受了，倒戈到官軍這方，仍繼續擴張自己的實力，然後又翻臉，甚至藉機殺了察罕帖木兒。察罕帖木兒的養子擴廓帖木兒接任指揮，大舉進襲，才逮捕並處決了王士誠與田豐。

08 官軍也牽扯在合縱連橫的互鬥中

從白蓮教引發各地騷動開始，高度地方分權的元朝無法處理，造成地方普遍軍事化的局面。不只在地方上各個勢力間彼此合縱連橫、快速分合變化，而且因為朝廷採用封官招降的策略，結果是將官軍也牽扯進這個複雜的合縱連橫之中。

前面提到的察罕帖木兒，他是蒙古人，屬於曾經是成吉思汗敵對部落的乃蠻部。元朝建立後，察罕帖木兒所屬的這支進入中原，來到河南沈丘定居，無可避免地開始了農業化的歷程。察罕帖木兒自幼便習儒書，也曾應進士舉。

「紅巾」興起時，為了保衛莊園，察罕帖木兒組織了自己的地方軍隊。因為他的蒙古人身分，當然立即成為朝廷收編的對象。在接受朝廷徵用後，他帶領由各方勢力形成的部隊，以官軍的身分屢屢擊敗「北紅巾」，不但收復了陝西、山西全部失地，更從河南往山東繼續進襲。這樣的一支官軍，已經不再是全由蒙古人組成的部隊，才會在陣中有王士誠、田豐這樣的部將。

察罕帖木兒的官位自然愈升愈高，更實質上變身為地方上的軍閥。所以他可以自由決定如何處理王士誠與田豐，招降他們，不需要向朝廷報告，更不需要得到朝廷的同意。

當時朝中的另一股勢力，是同樣對抗過「紅巾」的孛羅帖木兒。朝廷得依靠察罕帖木兒、孛羅帖木兒等私人武裝部隊，但這兩支部隊又在華北地區互相攻殺。元順帝偏愛孛羅帖木兒，太子愛猷識理達臘便支持察罕帖木兒一方。愛猷識理達臘雖被立為太子，卻遲遲未能受冊，當時的宰相脫脫就是持反對主張的，也因為捲入宮廷鬥爭中，使得脫脫被罷黜，離開了宰相職務。

太子接著以握兵跋扈等理由，削去孛羅帖木兒的兵權。孛羅帖木兒就以「清君側」為名，兩次發兵大都。太子領兵戰敗，便自宮中出亡，決定去投奔擴廓帖木兒——察罕帖木兒的養子，漢名王保保，在察罕帖木兒死後，接掌了他的龐大地方勢力。從察罕帖木兒到擴廓帖木兒，他們和孛羅帖木兒形成了世仇，而且是公開的對立，太子才會理所當然選擇到他們那裡尋求庇護。

擴廓帖木兒沒有拒絕太子的求助，收留了太子。太子又號召李思齊等地方將領反攻當時擔任宰相的孛羅帖木兒，與大都形成對峙。順帝逐漸對孛羅帖木兒的攬權心生不滿，派人暗殺了他。朝中情況又經歷一番改變，擴廓帖木兒才送太子回京。

特別值得注意的是，在這段不算短的過程中，察罕帖木兒和擴廓帖木兒都沒有動過到中央爭權的念頭，他們一直維持著在地方上發展。這反映了元朝地方分權的觀念根深柢固，地方和中央的連結愈來愈鬆散，中央沒有那麼重要，地方不會將眼光經常看向中央，也不覺得中央的權力比地方更值得追求，不覺得在地方上坐大了就該朝中央進取。

元末大亂就是在這種地方解紐的狀態下發生的，而亂局又加強了地方和中央的解離。

09 真正的難題不是殺韃子，而是整合勢力

整理一下，元末出現了多層次的地方變亂。最高層級是像察罕帖木兒、孛羅帖木兒這樣的勢力，他們從元朝既有的地方分權體制中脫化出來，得到了更高的自主性，變成了不受朝廷號令的割據軍閥。

擴廓帖木兒接掌察罕帖木兒的權力之後，割據區域內產生新的衝突。原本服從察罕帖木兒的漢人將領李思齊，帶著自己的部隊挑戰擴廓帖木兒，發生了地區性的內戰。

往下一個層級，是像張士誠或陳友定，依據一座縣城而形成勢力，有的自己稱王，有的接受朝廷封官收編，但實質上獨立行事。也就是地方勢力的劃分到達縣的等級，更進一步的碎裂化。

還有再下面一個等級，那是流竄的「匪」或「盜賊」。他們和原有的地方行政系統完全沒關係，自發地形成了反朝廷的勢力。經過宗教的動員與連結，這些零散的小股力量得以集結為「南紅巾」和「北紅巾」，將朝廷控制的區域阻斷了，使得元朝朝廷更難在中國施其號令、遂行其統治意志。

到了一三六三年，即朱元璋打敗陳友諒的這一年，元朝中央的掌控徹底瓦解了，原先奉中央號令的部隊幾乎也都轉型為地方勢力。

因而元末動亂的焦點，不是推翻元朝。元朝只是名義上還存在，但從統治的實質上看，根本不值得推翻了。當時風起雲湧的地方勢力，他們的首要考慮不會是對付元朝，元朝根本無力威脅到他們的存在，僅存的運作幾乎只剩下封官招降。而且推翻了元朝，對他們一時也沒有好處，只會更加劇地方之間的角力爭奪。

元朝的紙老虎面貌很早就被看破了，卻還維持了很長一段時間，那是因為有實力的人彼此激烈爭戰，沒有將元朝視為主要威脅，也沒有強烈的動機要先推翻元朝。所以一直等到混戰中朱元璋終於脫穎而出，將局面收拾到一定程度，才有餘裕去對付中央朝廷。

對這些加入元末動亂的人來說，真正的難題不是殺韃子，不是要將韃子趕出去，而是在地方普遍軍事化、普遍散架的情況下，如何整合出一個政治勢力來。這是最大的挑戰，也是朱元璋最了不起的天分所在。

朱元璋的成就，並不是挑激民族主義來對付元朝，將蒙古人趕出去。這不需要他，也輪不到他，到朱元璋的勢力成形時，元朝自身已經收拾不住了。朱元璋將國號定為「明」，是為了聯繫韓林兒的宗教力量，同時利用韓林兒所建立和宋朝之間的關係，作為他自己的合法性基礎。

10 不單純從異質角度看元到明的變化

從韓林兒到朱元璋，於是形成了將宋朝和明朝拉在一起的概念，元朝夾在其中，就凸顯出其異族性質。這很像西方文藝復興時代的人，上追希臘、羅馬，將自己重新定位為古典文化的繼承者，讓古典文化在現實「復活」（renaissance，「再生」、「重生」的意思），於是將介於古典和現實間的歷史稱為「中古」。古代和現代以文明連結，相形之下，介於中間的就是文明的逆反，是「黑暗」的。從文藝復興到啟蒙主義，愈是強調現實和古典之間的繼承關係，相應就愈是將「中古」刻劃得黑暗無比。

夾在宋朝和明朝之間的元朝，同樣地就被特別強調其異族性。蒙古人當然是異族進入中原、建立統治，元朝當然是一個外來的征服王朝，只是其異族的特性，到了明朝愈來愈被抬高，作為明朝自身統治宣傳的重要部分。

歷史的觀點必然帶有相對性。凸顯元朝的異族性，我們就習於在歷史中扣問從元朝到明朝間的斷裂，看到明朝和元朝最不一樣的現象和狀況。如此探索，也就難免讓我們忽略了明朝繼承元朝，和元朝具備同質性的地方。還有，對照於元朝的耀眼異質性，我們很容易理所當然地將宋朝和明朝視為同樣的，也就忘了要追問：明朝真的是繼承宋朝嗎？明朝真的有可能跳過存在九十年的元朝，恢復宋朝？

降低民族主義的重要性，不單純從斷裂、異質的角度來看從元朝到明朝的變化，我們才能更充分地理解朱元璋的歷史角色與歷史地位。趕走韃子相對是簡單的，而難的、必須由朱元璋來解決的，是如何將碎裂的地方情勢收攏回來，不只是重建一個中央朝廷，同時還要克服元朝的高度分權問題，改為中央集權。這是朱元璋最驚人的政治天分，也是他最耀眼的歷史作為。

第六講

明朝的建立與朱元璋

01 依附郭子興及「濠州幫」的效忠

明太祖朱元璋是濠州鍾離（今安徽鳳陽）人。在江南地區，安徽是農業生產條件較差、長期以來比較貧窮的地區。朱元璋在一三二八年出生，家境困頓，後來父母雙亡，因而不得不投靠到寺廟裡去。

一三五一年，朝廷為了治理黃河而大舉動員民力，造成周圍地區騷擾不安，劉福通起潁州，徐壽輝起蘄州，芝麻李、彭大、趙均用起徐州，紛紛擁兵據地。次年（一三五二年），郭子興帶領的一支「紅巾軍」占領了濠州。朱元璋就轉而加入郭子興的部隊，這一年他二十五歲。

當時的情況極度混亂。「紅巾」並不是一支真正有組織的軍隊，而是在宗教的旗幟下，各地自主反抗部隊的一個聯合稱號。《明史·郭子興傳》記載，元軍圍剿徐州後，芝麻李被殺，彭大和趙均用投奔到濠州。郭子興厚待彭大卻輕視趙均用，引得趙均用不滿。而濠州另一位元帥孫德崖本來就與郭子興不合，兩人便聯合起來囚禁了郭子興，有賴郭子興的女婿朱元璋請出彭大，才得以救郭子興出險。

沒多久之後，不願捲入內鬥的朱元璋也就離開了郭子興，組成自己的部隊，不過仍然保持與郭子興之間的聯合關係。這支部隊剛開始據稱有七百人的規模，不過圍繞著朱元璋、真正效忠朱元璋的是核心的二十四人，他們都是和朱元璋一起長大，從兒時就認識的朋友。這些人大部分一直留在朱元璋身邊，後來在明朝建立的過程中形成了「濠州幫」。

洪武三年（一三七〇年），明朝成立後大封功臣，獲得最高封號、稱「公」的有六人，封「侯」的有二十八人，一共三十四人。其中如魏國公徐達、中山侯湯和，他們都是濠州人，而且自一三五三年朱元璋組織自己的武力時就跟隨著他的。另外如韓國公李善長也是濠州人，是最早投靠朱元璋的地方文人。

三十四人中有高達二十人都是來自最早的部隊裡，或者至少是在一三五五年之前就加入朱元璋陣營裡的人。這些人絕大多數都是出身安徽。

另外有五個人，其背景來自「巢湖海盜」，也是在一三五五年依附過來的。剩下的九個人，基本上是後來才陸續帶著自己建立起的武裝力量依附、歸順或投降的。

02 朱元璋的家鄉執念和地域觀念

功臣名單清楚顯示：朱元璋是一個地域觀念很強的人，而且他出身社會下層階級，他的基礎是小傳統中的社會組織與社會意識。無論在他取得政權之前或之後，他長期必須面對的挑戰，就是如何接近士人的大傳統，並且爭取士人的集體認同。必須找到能和大傳統掛鉤的方式，要不然就只能是一方武夫，無法提升到建立全國性統治的層級。

他還需要調整自己的心態，降低地方意識，從有限的地方視野中解放、開拓出來，懂得如何關照大局，讓小圈圈以外的人也願意效忠。對朱元璋來說，這是更大的挑戰，在相當程度上決定了他的統治格局與統治形態。

他在一三五六年攻下了集慶路（今南京），改名為「應天府」，便將指揮機構設立在這裡，然後就不願離開了。即使後來軍事行動在北方順利展開，他都堅持留在南京。建國之後，他甚至還想要退回安徽鳳陽，在鳳陽另造一座國都「中都」。雖然在巡視後體會到新造一座都城的龐大工程太勞費，而在洪武八年放棄了這個計畫，不過由此可以看出，他的家鄉執念多麼強烈。

有一件事實令人驚訝，幾乎難以置信。朱元璋建立了新的朝代，成為統治全中國的皇帝，然而在他有生之年，他的足跡最北邊只到過開封，從來沒有去到開封以北的任何地方。

朱元璋的長處是維繫、團結舊部，組構成一個二十年間不動搖、不散架的軍事行動團體。這項特長使得他在元末的環境中看起來如此獨特不群，也成為他最終取得勝利的保證。因為那個時候到處都是蜂起的地方武力，小股部隊此起彼落，絕大部分都維持不了多久時間。朱元璋的穩固核心於是產生了如同磁鐵般的效果，將許多紛亂的小部隊吸引過來。他的組織愈大，磁吸力量也隨之增強，無論外圍如何變動，核心始終保持安定，也就提供了新附者難得的安全感。

回到一三五五年，郭子興的軍隊準備要渡江攻打集慶。在此之前，郭子興先取得了巢湖，收納了「巢湖海盜」。這群人在湖上討生活，船隻尺寸不大，但數量驚人，有千艘以上的規模，而且每艘船都具備基本的武裝。領有這支水上艦隊，才燃起了郭子興的野心，要進取集慶。

但在此關鍵時刻，主帥郭子興生病去世了。郭子興的次子郭天敘和他的妻弟（小舅子）張天祐接掌部隊，維持了攻打集慶的原有計畫。當時的南京已經是人口數十萬的大城，打起來沒那麼容易，過程中郭子興的兒子和小舅子都戰死了，於是朱元璋反而成為最大贏家，接收了郭子興原有的勢力，包括水上的「巢湖海盜」。

朱元璋終於打下集慶，確定要停留在這裡，於是一方面鞏固「應天府」的防衛，另一方面在「應天府」周圍拓展勢力、穩穩扎根，建立起根據地。

03 三分局勢，考驗朱元璋的軍事判斷力

一三五九年，朱元璋攻略浙東，將元朝官軍趕出長江流域。與此同時，原先「南紅巾」和「北紅巾」的勢力劃分，也打橫成為東、西分布。朱元璋居中，張士誠在東，陳友諒在西。長江三峽以下，基本上沒有元朝掌控的空間了。

從三峽到武昌，延伸到江西，是陳友諒的範圍；以應天府為中心，是朱元璋的地盤；張士誠則占據了長江下游的蘇杭地帶。這三股勢力中，中間這塊相對是最小的。張士誠擁有當時全中國最富庶的地區，陳友諒的湖廣一帶腹地最大。不過朱元璋懂得如何善用居中的地理位置所能發揮的合縱連橫空間，小心翼翼地維持住，不讓東西兩方的勢力聯合起來對付他。

未來幾年，基本模式都是朱元璋撥弄兩方、見縫插針，不只自保，還擴張領地。例如原本在朱元璋陣營的巢湖海盜趙普勝，後來又倒向徐壽輝那邊，數度與朱元璋爭奪池州，對朱元璋造成巨大的威脅。於是朱元璋便以反間計讓陳友諒疑忌趙普勝，在雁水舟上誘殺了他，等於幫助朱元璋解除了心頭之患。

一三六〇年，陳友諒殺了徐壽輝自立為帝（陳漢政權）。恃著兵強、挾著擴張野心的他，帶

領兼併的巢湖軍力順江而下，要伺機攻擊應天。朱元璋提前得知情報，於是便設了一個局，倒過來伏擊了陳友諒。

明朝建立過程的這段歷史，後來被改編為許多小說和戲劇的內容。一方面是因為明朝時說書、演劇在城市中大盛，成為市民主要的生活娛樂，講自身王朝的來歷當然格外受歡迎，因而刺激了說書人、演劇者向這段歷史取材，並且加油添醋；另一方面，則是因為此時並列又三分長江流域的局勢，的確充滿著許多難以控制的變數，尤其考驗居中的朱元璋這方，包括軍事判斷與情報運作的能力。

元末明初的局勢有戲劇性的環境與場景，當時參與其中的人物，也有戲劇性的個性特色與極端差異。除了朱元璋、陳友諒、張士誠三人的個性俱異之外，圍繞在朱元璋身邊的這些「開國功臣」，也都有很強烈、突出的行事風格。

例如常遇春，他和朱元璋之間一直衝突不斷，就是源自完全不同的策略思考。常遇春喜歡「直搗黃龍」，總認為找出敵人的核心，集中力量一舉打入敵人中心，就是最好、最有利的策略。而朱元璋的思考方式卻總是迂迴的，不斷在尋找如何從敵人沒有想到、也就無法防備的方向迂迴切入。

04 陳友諒和朱元璋實力消長的轉折點

一三六〇那一年，陳友諒和朱元璋打了一仗；三年後，雙方又捲入了一場主要的軍事衝突。兩場戰事，朱元璋都在事前的情報戰，而不是當場的武裝戰鬥中，取得了最大的優勢。

朱元璋旗下的康茂才，是集慶之役後才投靠過來的，非屬「濠州幫」，顯得資歷、淵源最淺。朱元璋便設計讓康茂才去接觸陳友諒，表達願意倒戈換旗，並且具體提出了協助陳友諒攻打應天的計謀。

當時聯絡長江和南京城有一條三叉河，為了方便人與貨借水路進出，特別在三叉河靠近城牆的地方開了一座城門。朱元璋讓康茂才去告知陳友諒，可以帶軍隊從三叉河這邊攻進來，並跟他保證朱元璋的軍隊不可能守在這裡。

原來三叉河上有一座「江東橋」，橋身很低，擋住了所有的船隻，所以一般船隻只能駛到江東橋下就必須回頭，無法再靠近城門。但康茂才承諾，他會派人在約好的時間把江東橋拆掉，那麼陳友諒的水軍就可以在朱元璋不備的情況下，從三叉河這邊長驅直入，瞬間攻占應天府。

陳友諒接受了康茂才的建議，但他當然不會傻到完全沒有防備康茂才可能會騙他，或者也有可能因為各種變數而無法達成拆毀江東橋的承諾。朱元璋料定他會將水軍主力帶進三叉河，先停留在一個地方，然後派出探子，確保木橋已經被拆掉，也要確保江東橋附近沒有埋伏，才會繼續進軍。

朱元璋便命令常遇春帶領人馬，先將木橋拆了，再趕建一座石橋。等到陳友諒的水軍揮師而來，見到橋不對勁，而且石橋難攻，便不敢貿然前行，只好將船艦部隊退到龍灣上岸。豈知朱元璋早就在那裡預先設下埋伏，立時進行水陸夾擊。

這一次的應天之役以陳友諒大敗收場。陳友諒沿江而下的水軍實力，數倍於朱元璋能夠動員的水軍，但就在陳友諒以為最有勝算的水上戰場，不預期地遭遇了最大的損失。

這場勝仗意義重大，不只挫折了陳友諒的野心，還擄獲了大批船隻，大幅提升了朱元璋的水軍實力。

新敗之餘，陳友諒率殘部撤退，朱元璋的軍隊追擊到江西。此時陳友諒的兩名部將于光、歐普祥轉而投奔朱元璋，兩人的部隊形成阻隔，朱元璋再派徐達增援，有效地將陳友諒封鎖在江州（今江西九江）。

隔年，朱元璋再攻打江州，傅友德、丁普郎率部眾投降。江州陷落後，陳友諒逃往武昌，原本為陳友諒守龍興城（今江西南昌）的另一名部將胡美也被招降了。胡美和朱元璋談條件，願意將龍興獻出來（後改稱「洪都府」），但要朱元璋保證不解散他所帶領的軍隊，完整地納入。

藉著一塊塊收編原本屬於陳友諒的部隊，兩邊陣營的軍事力量明顯地此長彼消，逐漸拉開了差距。

05 東、西兩面的襲擊與蕭牆之禍

行省制是元朝創立的，卻在明朝保留了下來，一部分原因就在於元末爭霸時，朱元璋採取了招降、拉攏各方山頭的策略，讓這些部隊得以獨立地在地方取得資源，並保護地方平靖。其形式類似元朝的軍民地方分權，因此也就套用「行省」的稱呼與架構。

戰亂時期，不只是朱元璋，連陳友諒都模仿元朝體制，打到哪裡就將行省設到哪裡，於是也有很多臨時、變動快速、倏生倏滅的行省。

一三六二年，胡美投降，拿下了龍興，一時看來朱元璋在西邊大有斬獲。不意外地，這個時候亂起於東方——張士誠煽動了金華、處州的降將脫離朱元璋的控制。被煽動的其中一部分人是朱元璋部隊中的苗人，他們在苗將蔣英、李祐之帶領下，轉而投靠張士誠。這過程可能牽涉到陣中的種族關係。後來張士誠派了他的弟弟，也是他旗下最為驍勇善戰的張士信帶兵襲擊諸全州（今浙江諸暨）。

當時處州陷落，連帶威脅到嚴州、諸全。負責總管浙江諸州的是朱元璋姐姐的兒子李文忠。朱元璋先派了和徐達齊名的大將邵榮去救處州，一時無法增援諸全。諸全守將謝再興向李文忠告急，李文忠思忖自己的軍力遠遠不足，幸好學會了舅舅的間諜戰法，假造徐達和邵榮已經帶兵來到嚴州、即刻馳援的消息，欺騙了張士信。驚懼之下，張士信想要趁夜退兵，結果被謝再興和前來應援的胡德濟突襲而潰敗。

與此同時，回到湖廣地區後，陳友諒很快重建了一支水軍，而且是在中國戰爭史上具有特殊意義的「攻城水軍」。這些船很大、很高，在江中航行吃水很深，「每船三重，置走馬棚，上下人語聲不相聞，艫箱皆裹以鐵」（《明史．陳友諒傳》）。做得那麼高，主要是針對在江邊的城牆，這種戰船航靠過去，船上的軍隊就可以從高起的船樓登上敵人的城牆。很顯然地，陳友諒鎖定了幾個戰略要點，才想出這樣的新鮮攻城技法。

由於張士誠從東邊來的襲擊，逼迫朱元璋暫緩在江西的軍事行動。禍不單行，在此節骨眼上，又遇到了亂起蕭牆的局面。出問題的是邵榮，他自認在收復處州的過程中立下大功，卻沒有得到朱元璋相應的重視，《明太祖實錄．卷一》中說他「益驕蹇，有覬覦心」，伺機作亂。但邵榮身為郭子興舊部，極可能被朱元璋視為禍患，於是自導自演指控邵榮謀反，藉機除去了權位甚高的邵榮。

再來又有駐軍洪都（即南昌）的陳友諒降將祝宗、康泰舉兵叛亂，由徐達出兵為朱元璋奪回了洪都，再交由朱文正、鄧愈等鎮守。戰鬥中洪都的城牆有一長段被毀了，戰後徐達下令盡快重建，確保守城防務。就在重建毀壞的城牆時，決定不用殘留的城基，而是後撤了大約十五公尺，新建了一段更堅固的新牆。

06 陳友諒的哀歌：鄱陽湖水戰

陳友諒有感於自己的勢力範圍縮小，想要奪回江西的控制權，便趁朱元璋帶兵往安徽時，於一三六三年決定再起大軍——包括「攻城水軍」——來攻打朱元璋。這次的部隊規模比三年前的還要更加龐大。依照《明史》的記錄（難免有所誇大），陳友諒動員大軍六十萬，水軍船隻都是新建的，而且是有高聳船樓可以登城的巨艦，據說一艘船可以載兩、三千人。

幾十萬大軍沿長江而下，過江州，入鄱陽湖，再經贛江要攻打洪都。到達洪都卻意外發現，洪都的城牆不靠河了，攻城巨艦派不上用場。於是圍攻洪都仍然必須依循原有的陸戰模式，曠日廢時。

洪都被圍之前，朱元璋正忙於在安豐（今安徽壽縣）攻打張士誠的部將呂珍，要營救「小明王」韓林兒。直到洪都圍城中雙方來回停戰談判，才有人得以偷偷穿越封鎖線，將告急消息傳到應天。朱元璋連忙收拾局面。

但此時他最器重的兩位將軍——徐達和常遇春不在應天。原來有一個出身彭瑩玉系統的左君弼長期據有廬州（今安徽合肥），他出兵助呂珍阻擋朱元璋，被常遇春擊敗後又退回根據地，這時候朱元璋手下最強悍、最好用的兩支軍隊都在圍廬州。

朱元璋於是急召徐達、常遇春回師應天，勉強組成了救援洪都的水路部隊。這支部隊號稱千艘船艦加二十萬人，在規模上顯然遠不如陳友諒的大軍。更不利的是，陳友諒是順流而下，他卻必須逆流而上。部隊到了鄱陽湖，此時洪都已經被圍了三個月，而朱元璋選擇的戰略是要將陳友諒的水軍堵在湖中。幾經思考、策劃，這一年的八月二十九日（農曆七月二十日），朱元璋的軍隊進入鄱陽湖，雙方在康郎山遭遇，展開了歷史性的龐大水戰。

朱元璋的軍隊分成十一支，陳友諒的軍隊則分為六股勢力。朱元璋的水軍船隻平均尺寸比陳友諒的小得多，當遭遇數量更多的敵船密集地進攻，根本抵擋不住，只好靠著自身船隻小、吃水淺，朝較為靠岸的地方退卻，讓吃水深的大船無法再逼近過來。

第二天，朱元璋的部隊怯戰，不願冒險出動，朱元璋憤而誅殺不聽令者，才得以強迫水軍再次投入戰鬥。然而戰況和第一天沒有太大差別，很快地，朱元璋的戰船就又退回淺水區避戰。

戰鬥進入第三天，陳友諒的大船密集排列，圍住了朱元璋的部隊。朱元璋採郭興之議，命常遇春帶了七艘小船發動奇襲，趁對方不備，靠近大船發射火箭，集結的大船來不及散開，火勢快速延燒。混亂之中，朱元璋的小船得以發揮高度機動性，突擊敵船，給予重創。那一天的戰鬥中，陳友諒的部隊損失了六萬人。

不過即使如此，陳友諒部隊的實力仍然高於朱元璋這邊。而且吃到教訓後，陳友諒的船艦不再緊密連結，快速地分散開來。朱元璋也迅速調整策略，將部隊拉回鄱陽湖口，堅守住出入處，封鎖陳友諒的水軍。

經過火攻一戰，雙方實力差距沒有那麼懸殊了，陳友諒的水軍足足在鄱陽湖中被困了一個月。不過陳友諒也很沉得住氣，耐心地和朱元璋在湖中對峙。一直到十月四日（農曆八月二十六日），陳友諒的軍隊撐不下去了，在南湖嘴發動突圍，過程中陳友諒中箭死於船上。

雖然受困的水軍部分突圍成功，然而群龍無首的情況下，五萬餘人失志投降。這股一度占據湖廣地帶的重要勢力，就此消散了。

07 掃蕩湖廣，創建「衛所制」

接下來這段時間，朱元璋在做什麼？

第一，他派徐達、常遇春等人去收拾江西和湖廣。他不會因為打敗陳友諒的主力部隊就掉以輕心，而是耐心、堅持地將陳友諒的殘部一一收拾，有效地併納了原本屬於陳友諒的地盤。從一三六三年秋天到一三六五年四月，徐達等諸將馬不停蹄地來往這個區域，以確保對這塊地方的控制。

第二，朱元璋利用這段相對比較穩定的時期，建立較為明確、久遠的制度。在一三六三年之前，朱元璋率領的是一支雜湊的部隊，雖然有核心的力量，但在核心之外隨時有像胡美那樣的降將帶領部隊加入，或叛逃離開；隨時有敵人的部隊投降進來，也有原本屬於己方的部隊被敵人打敗或拉走。

朱元璋一直靠著「濠州幫」的死忠支持，才得以制衡、應對許多後來加入勢力的來來去去。大敗陳友諒之後，朱元璋建立了新的「衛所制」，以制度性的方式整頓自己的武裝勢力。

「衛所制」套用了元朝的十進位編組原則，將部隊分為「百戶所」、「千戶所」，以及由五個

「千戶所」組成的「衛」。[12]如此，使得軍隊有了統一的層級區分。同時效法蒙古人，將進入組織的部隊打散，依照十進位模式來進行不同的分組動員，也就是可以命令調動哪一個、或哪幾個「千戶所」。如此，就將軍隊骨幹放在「千戶所」，讓「千戶所」的士兵在打仗時和主掌「衛」的指揮使分開來，兵不再常屬於特定的將，取消了原本的私兵性質。

至此，朱元璋重建了一支真正屬於他掌管、調度的軍隊。

對朱元璋來說，這段時期中最幸運的是東邊的張士誠竟然沒有動作，或者該說來不及有所動作，給了朱元璋充裕的時間。

陳友諒發動大軍攻打朱元璋時，其實張士誠就已經對接下來會有的變化了然於心。他們之中無論哪一個打贏了，都會挾著新勝的氣勢來對付張士誠。於是張士誠必須有所準備，而他先處理的是和元朝之間的關係。

張士誠對元朝的態度反覆不定，有時接受招安封官，有時又切割叛離。元朝不得不多次反覆地拉攏他，因為他占據了江南最富庶的地區，元朝迫切需要保有能協助將南漕北運的管道，不然北方的財政就會陷入困境。

此時，為了準備接著而來的決戰，張士誠便停送漕運，和元朝徹底決裂。他要將可動用的資源都留下來。不過他仍然必須分神提防在新的政治關係中，元朝是否會帶來新的威脅。

張士誠觀望元朝動向，給了朱元璋足夠的時間掃蕩陳友諒殘餘的勢力，完成對湖廣地區的併納，也有時間可以進行「衛所制」的改革創建。未來這套制度還將演化為「軍戶制」。「軍戶」為世襲，而且很難除籍，家中必須派一名丁男到衛所當「正軍」，其他子弟稱為「餘丁」或「軍餘」，且至少要有一名「餘丁」隨行，負責給養「正軍」兄弟。

朱元璋準備好了，包括他和身邊這些部將的關係也改變了。以往遇到重要戰役，朱元璋和徐達、常遇春之間往往有不同看法，有時甚至產生激烈的衝突。現在他建立了自己獨一無二、不容挑戰的新權威，身邊不再有雜音了。

接下來的戰役徹底執行了朱元璋所設計的兩翼包夾戰法，一支部隊先攻江北，另一支攻打杭州，然後分頭逼近張士誠所在的平江（今江蘇蘇州）。

12 《明史．兵志二》記載：「天下既定，度要害地，係一郡者設所，連郡者設衛。大率五千六百人為衛，千一百二十人為千戶所，百十有二人為百戶所。所設總旗二，小旗十，大小聯比以成軍。」

08 擊潰張士誠，發動幾無前例的北伐

一三六五年四月，徐達平定了湖廣，接著常遇春也收拾了在贛州由熊天瑞帶領的殘餘勢力，再往南打到廣東邊界。朱元璋沒有了後顧之憂，可以專心對付張士誠。

從一三六五年下半年到一三六六年，朱元璋的兩支部隊不斷壓迫張士誠的勢力後退；到了年底，兩翼會師，開始進行平江圍城。陳可辛拍攝的電影「投名狀」，其中一場圍城的主戲，靈感就是取自這場戰役。電影中以極度風格化、刻意唯美來對比戰爭粗獷殘暴的鏡頭，點出了一項歷史事實。那就是在平江待了十年之後，張士誠被這座江南最繁華的城市徹底改造了，他變成了一個沉浸在城市文化享受中的文人，不再是原先那個武勇的帶兵者。

從十二月開始的圍城，經歷冬、春、夏，延續到入秋。一三六七年十月，平江城破，城內一片殘敗，損傷慘重。張士誠自縊未成，被朱元璋的軍隊逮捕送往應天，不過他畢竟還是找到機會和方法，自殺成功了。

平江圍城時，張士誠還保有大約二十五萬人的軍隊，而且和朱元璋的部隊一樣，都是從一三五三年左右就投入戰場、反覆經戰的。雖然打不過已擴張並整頓過的朱元璋勢力，卻足以帶來頑

固的抵抗。這件事顯然在朱元璋的記憶裡烙下了深刻的不滿。明朝建立後的前八十年，蘇州一直維持著是全國賦稅最重的地方，[13]或許就是為了報復蘇州曾經堅持守城那麼久所帶來的阻礙。

平江陷落，朱元璋的部隊沒有停下來慶功，即刻在一三六七年十一月兵分兩路再度出發。南路由胡美、湯和、廖永忠等帶領，前往福建、廣東和四川。這路要對付的基本都是零星的地方武裝勢力，在規模上和北路無法相比擬，所以進行得相當順利。真正面臨重要挑戰的是北路軍，由徐達擔任征虜大將軍，常遇春為副將軍。

朱元璋部隊的北伐，在中國歷史上是少見的，幾乎沒有前例。南北朝時南朝的行動，或是宋遼邊界的衝突，都是小型的武裝戰鬥，從來不是全面由南往北的大舉征伐。長期以來，歷史上的通例是北方的軍事力量高於南方，北方征服南方是常態，南方要戰勝北方相對就難之又難。

很顯然地，超過千年的變化發展，使得南、北形勢至此再度有了新的突破。南方的興起跨越了另一個歷史門檻，不只在經濟上、文化上、人才上領先北方，也已經能夠將這些方面的優勢轉化為軍事力量。

13 《明史．食貨志二》記載：「故浙西官、民田視他方倍蓰，畝稅有二三石者。大抵蘇最重，松、嘉、湖次之，常、杭又次之。……時蘇州一府，秋糧二百七十四萬六千餘石，自民糧十五萬石外，皆官田糧。官糧歲額與浙江通省埒，其重猶如此。」

北方的蒙古人沒有意識到在長江流域出現統一軍事力量的重要性，也無法理解、無法掌握南方出現軍事強權的意義，當然也就不知道該如何應對。北伐軍以驚人的速度推進，元朝官軍在任何個別據點上或許有一定的抵抗能力，然而始終缺乏聯繫與統籌，都只能各自為戰。在這種狀況下，是絕對難以和朱元璋多次擴張、整頓後的大軍爭勝的。

09 將政權合法性建立在和元朝的連結上

一三六八年春，朱元璋即皇帝位，明朝正式成立。此時因為北伐進展太快，導致陣中又有了爭執。常遇春想要趁勢直接進取大都，但朱元璋仍然堅持他所訂定的四階段計畫。第一階段，攻下山東；第二階段，奪下河南；第三階段才從河南北上進攻大都；最後第四階段，在占領大都之後，收拾山西、陝西。

常遇春急著想攻克大都，被朱元璋阻攔了。但事後證明，就算依循朱元璋的計畫，也多花不了多少時間。因為前三個階段花了不到一年時間，到一三六八年九月十四日，徐達的軍隊就進入大都，蒙古人往草原撤退了。

蒙古人建立的是一個大帝國，草原的記憶與習慣並沒有消失，所以對他們來說，失去了在中國的政權不是世界末日，他們也就不會拚死命要保衛中國這個據點。草原才是他們永遠的家，草原以外的地方隨時可進可退，情勢好就進，情勢不好就退。因而在大都並沒有殊死的圍城戰役，元朝很快就瓦解了，蒙古人保全部分勢力，往北方退走。

蒙古人退走，朱元璋卻沒有停止行動。包括一三七〇年，一支軍隊進入山西、陝西地區肅清殘餘的蒙古勢力；一三七一年，另一支軍隊進入四川，消滅了占據當地的明玉珍勢力。

整個過程裡，朱元璋的決策中僅有與軍事無關的大事，就是攻占大都之後，下令於一三六九年開始編《元史》。用這種方式象徵元朝正式結束，有了承繼天命的新朝代。

朱元璋登基時的文告（應該出於宋濂的手筆）說：

> 自宋運既終，天命真人起於沙漠，入中國為天下主，傳於子孫，百有餘年，今運亦終。（《明太祖實錄．卷二十九》）

明白表示宋朝結束之後，天命傳到了沙漠來的「真人」身上，而自己創建的明朝，是從這位真人傳了百餘年的子孫那裡接替下來的。這和急於編《元史》的動機是一致的，都是將政權的合法性建立在和元朝的連結上，也就是將元朝視為中國傳統的一個朝代。中間並沒有強烈的民族主義情緒，沒有強調蒙古人的異族身分而對元朝合法性的否定。

不過，因為著眼於合法性宣告的象徵意義而編《元史》，根本沒有考慮到這項工作的難度，也就在沒有充分準備的情況下，純粹當作政治任務，在一年內就「結案」了。要寫的是蒙古人的統治，有著嚴重的語言隔閡，又趕在蒙古人甚至還沒走遠的時候編修，還要因應政權對外宣示的需要而在限期完成，這樣的史書品質低劣，毫不意外啊！

朱元璋認定自己建立的是推翻元朝的新朝代，很在意要有舊朝表示臣服、降讓的儀式，所以多次出兵追擊蒙古人。他最在意的，不是蒙古人的勢力退到多遠，而是要取得一份正式的降書，卻始終沒能得到。

10 成功在於「中間」地位與堅持條理

從一三五三年和朱元璋一起作戰以來，號稱從來沒有吃過敗仗的徐達，在一三七二年遭到了畢生最嚴重的軍事挫折。他在漠北追擊擴廓鐵木兒的行動中失敗了。這也是關鍵的轉折點，明朝建立的軍事階段到此結束。

從一三七二年的時間點往回看，明朝的力量是一點一點在軍事行動中建立、累積起來的。軍事行動持續了二十年，卻都還沒有時間建構一套統治的系統。要到一三六八年之後，朱元璋稱帝、建元「洪武」，政治體系的思考與設計才正式排上朝廷的日常工作表。

朱元璋其實並沒有像後來小說、戲劇中呈現得那麼難以捉摸。整理朱元璋建立明朝的過程，我們清楚看到他的成功基於「中間」地位。不只是他的地盤處於陳友諒和張士誠之間，他的領導方式也介於陳友諒的純粹武將與張士誠愈發文人化的風格之間。朱元璋出身草莽，但他早早就吸引了一部分文人的支持，身邊也有一個像樣的文人顧問團。而相較於張士誠，朱元璋也更能善用民間小傳統的文化元素，包括素樸的明王崇拜與太平再臨的嚮往。

張士誠據有平江之後，勢力就停滯不前了。因為他太過認同文人的大傳統，但另一方面又沒有足夠的本事將文人文化的政治基礎——一套完整的文官體系——建構起來。於是那些草莽武將不會想要投靠過來，他們寧可選擇朱元璋。在朱元璋那邊，文人有一定的顧問角色，但文人不能干預軍事，保留了武將的地位與作戰空間。

朱元璋最根本的成功之道，在於堅持條理、堅持計畫。他雖然沒受過什麼教育，但在領導指揮上很少訴諸直覺，從來不衝動行事。每一樣事情都是想清楚才做的，而且常常想得比所有的人都更遠一些。

面對陳友諒的大軍，很難想像朱元璋會先算好可以在鄱陽湖得勝；然而事實是，就算鄱陽湖的勝利來得意外，他也沒有被沖昏頭，更不會在勝利喜悅中失去了下一步的行動時機。當他第二次在水上擊敗陳友諒，他立即的反應是不讓自己重蹈上一次的覆轍，迅速派兵遣將前往湖廣、江西，要確保不會再有下一個陳友諒利用這塊地域的條件崛起。

三年前在應天打敗陳友諒時，他其實也不是沒有作為，他設計了接下來要將陳友諒封鎖在江州，爭取足夠的時間來防備東邊張士誠可能的進襲。再看長期圍城後打下張士誠的據點平江，這是多麼艱苦才得來的勝利，滋味多麼甘美，然而一三六七年十月平江陷落，十一月朱元璋就發動南征和北伐的兩路軍事行動！

這是朱元璋最特殊的個性。連北方也底定了，軍事上征服了全中國，朱元璋就會停下來好好慶祝、安心享受了嗎？當然不會。他打下了中國，卻沒有一套統治中國的完整機制，以他的個性，不可能看不到這樣的問題，也不可能停下來不認真處理。

11 不停的軍事腳步中忽略的地方制度

以軍事行動征服如此廣大的中國，當然很不容易。靠著不間斷的軍事行動來征服這麼廣大的地區，幾乎是史無前例的。之前的唐朝、宋朝，都是先建立了一個穩定的核心區域，在這裡產生有效的統治機制，再靠著統治機制所凝聚的力量逐步擴張。但明朝不是這樣，朱元璋沒有停下來，也不願停下來。就連易守難攻的四川，歷史慣例上都是最後才處理、才收拾的地方，都無法讓他停下來——攻下大都後，立即派三路人馬消滅了明夏政權。

朱元璋征服了整個中國，然而除了濠州，沒有任何地方是他真正的基地。每一塊地方都是打下來的，於是每個地方都有統治的問題，在統治上都尚未穩定。

朱元璋不可能有餘裕去改造中國的行政制度。元朝是以外來征服王朝的立場建立「行省」的，那過程並沒有經過仔細規劃，因而各省之間的區分，從地理或人文社會方面看，有很多明顯不合理之處。用漢、唐的地方劃分和元代的「行省」比對，就可以看出很多界線不是依照傳統州、郡、縣而來的，因而破壞了長期累積的地方制度根本道理。

元朝沒有動機要仔細研究中國的地理與人文，依此來建立地方制度；不幸地，到了明朝，在朱元璋常動不停的軍事腳步中，這件事又被忽略了。再到明朝滅亡，這套制度被另一個異族政權繼承，更沒有條件進行改革、修正了。

累積的不合理，到清代嘉慶之後就掩藏不住了，同治之後更形嚴重，衍生出巡撫、總督等等架床疊屋的區劃。這是「行省制」在歷史上留下的龐大後遺症。其中就牽涉到朱元璋先開國再慢慢考慮如何統治的過程，以及在這過程中所形成的重要決策。

朱元璋很聰明，在軍事策略想像與規劃上的能力是第一流的。他也很有人際手腕，從帶領七百人的小部隊起家，長期維持一個二、三十人的核心團隊，培養了堅實的管理操控能力。然而明朝建立後，他必須面對的重大挑戰、他無從做好準備的，是如何處理帝國的文官體制。他缺乏這方面的經驗，得在當上皇帝之後，才用自己的方式努力學習。

第七講

從明朝政制看元朝的影響

01 問不同的問題，會帶你到不同的地方

大家在學校裡都學過歷史，然而學校裡教歷史的方法，對我來說一直都有和史學探究的根本衝突、矛盾之處。那就是總認為要用「言簡意賅」的方式講歷史。「言簡意賅」、三言兩語地交代歷史，最大的好處是方便考試，這是假定學歷史是為了考試而設計的。考試需要有標準答案，需要有讓學生能夠準備的合理範圍，在這兩個要求交集下，就產生了歷史課本不能編得太厚、不能講得太多，尤其是不能講不確定的內容的原則。

然而這樣的原則跟我所認識的史學是相牴觸的。歷史要「言簡意賅」，就會被簡化到只剩下一堆和我們自身生活沒有任何關係的東西。讓你知道在六百年前，有這群人和那群人打仗，打完了，這群人打贏了、那群人打輸了。如果這叫做「歷史」，那麼引發的下一個簡單問題是：So? So what? 我們知道這些會怎麼樣？或者倒過來問：不知道這些會怎麼樣？

「言簡意賅」的歷史無法回答這衍生的 So? So what? 問題。於是我們就只能不解釋地強迫學生學，逼他們將和他們沒有任何現實關係的內容硬吃下去、硬背起來，在考試時按原樣吐出來，然後考完試就忘掉。

這樣真的有意義嗎？這樣非但不是教歷史、傳遞歷史知識，反而是有意識地消滅學生對歷史可能產生的興趣。更糟的是，斷絕了他們可能從歷史中建立知識系統，將知識系統連結到更廣大的對於人類行為的歸納認識，從中獲取成熟地理解世界、理解人類所需要的智慧。

要讓歷史有意義，那就非得進入細節，從史料中去探討：為什麼在這個時候、這種環境裡，會有這個人或這群人選擇做了這樣的事，因而帶來了怎樣的結果？從動機、到行為、到後果是如何連結起來的？那樣才能幫助我們增進對於人類行為和現實生活中從動機、到行為、到後果之間關係的認識。

歷史非常龐大，留下來的史料非常多，即便是已經從史料中整理出來的史事也還是很多。還原面對這龐大的訊息倉庫，我們會學到一個關鍵的原則：如果貿然進入這倉庫，你只會看得眼花撩亂，什麼都看不出來，也看不到任何重點。要真能「看到」，你必須帶著問題意識，知道自己想要在這龐大的訊息資料中回答什麼問題，尋找什麼樣的答案。

換另一個角度看，我們也就明白，面對同樣的資料，問不同的問題，會帶你到不同的地方，見到不同的風景。歷史不是死的、固定的、單面向的，隨著你問不同的問題，歷史就會展現出變化的、不同方向的面貌。

02 得天下的為什麼是朱元璋？

對於元末明初的這段歷史，我要問的大問題、主軸問題是：為什麼是朱元璋？在全中國普遍軍事化，到處都有地方武力，驚人的群雄競逐下，為什麼最後由朱元璋脫穎而出，建立了取代蒙古人政權的新朝代？

執著地問這個問題，也因為朱元璋的先天條件不只沒有明顯的優勢，還比大部分的人來得糟糕，為什麼別人做不到或沒有做的事，卻由他完成了？

前一講整理了朱元璋持續二十年時間的軍事行動，解釋了他如何「馬上得天下」，這段過程中他無暇、也無心考慮如何「馬下治天下」。但再往下看，就會知道，他能成為開國君主，他所創立的王朝能夠存留下來，沒有很快被取代，是因為他接著在很短的時間內重建了一個龐大的文官體系。

為什麼是朱元璋？因為他有特殊的本事，從元順帝北遷之後，到洪武十年左右，他就打造了新朝代的官僚系統。他很快從源頭上掌握了官僚系統的關鍵，那就是人才從哪裡來，以及人才在系統中如何分布。而這兩個問題可以用同一種方式解決，也就是明確的晉身之階。

十年內，他將科舉和學校建立為兩條具有壟斷性的管道。也就是說，想要進入朝廷服務，得到朝廷的工作與地位，只能選擇走這兩條路。而且這兩條路的性質，也就保證了進入朝廷的都是文人，他們所運作的是文人官僚體系。

如此事實反而引起我們更深的好奇。如果朱元璋本身出自文人階層，有著文人的根底，那麼一位文人皇帝在意、用心地打造一個文人政府、一套文人官僚，這很好理解。然而，朱元璋的背景和文人相去太遠，他身邊雖然早就有一些文人策士，但在長期不間斷的軍事行動中，文人也不可能發揮多大的作用。

那麼如果他是承襲了前朝便已穩固建立、在改朝換代中也未受到嚴重破壞的體制，將之恢復運作，那也容易理解。但很明顯地，元朝沒有這樣一套體系留給朱元璋，以種族區分的政治運作，立刻隨著蒙古人集體離去而瓦解，原本的漢人文人官僚又在種族主義下殘破不全。

在他身邊的李善長、劉基等人，一來不是正統的文人世家，二來經歷過元朝廢科舉、阻礙漢人從政，到這時候，宋朝傳承下來的「正統」文人世家也沒有什麼勢力。還有第三，這幾個人後來在洪武朝下場都不太好。

自己出身低，身邊又沒有龐大的文人集團輔助，朱元璋憑什麼能建立這套文人官僚？這就成了不能不探問、不能不試圖解答的問題。

03《大誥》：戶戶有此一本的價值觀教材

重新理解中國歷史，關鍵在於扭轉傳統「求同」的態度，轉變為「求異」的眼光。由「求同」的角度看，找出歷史上相似的現象，就理所當然地認定那是不變的，也就忽略了變化、抹除了變化。

傳統史學中沒有將「朱元璋建立文官系統」當作重要的題目，因為習慣從宋代看下來，宋代官場都是文人，明代官場後來也都是文人，於是理所當然看作這是連貫的。先入為主地認定中國官僚體系就是由文人組成的，那就不必解釋明朝的狀況，而是倒過來將元朝視為斷裂、例外，描述元朝如何在種族主義的意識形態下破壞了中國原有的文官制度。不言的假定是蒙古人離開了，歷史就自動回復原狀，文官體系當然就回歸正常。

這種看法的好處是賦予中國歷史一個清楚、強大的主軸，方便理解與掌握。中國有一套不變的傳統，一直在那裡，即使是蒙古人來了，暫時表面上被破壞、被更改了，但主軸並沒有彎折，始終保持著。於是元朝的性質和其他朝代不一樣，比較像是一首插曲，暫時偏離了主旋律，但等到變調的插曲結束，不會是換成另一首歌，而是原來的主旋律必然復歸。

這不應該被當作歷史的結論，而應該還原為一種歷史的假定，必須回到史料上來檢驗，尤其是換從「求異」的角度來檢驗。讓我們認真來看看，關於龐大的文人官僚體系，宋朝和明朝之間到底有哪些不一樣的地方。

明太祖登基之後，一方面恢復科舉，一方面大舉鼓勵進學。原先計畫要以朝廷的力量到處設立「社學」。「社學」從名稱上便顯示了是地方上的初級學校，因為數量太多，很難由朝廷統一辦理，於是改而開放讓民間成立。

然後在中央擴大「國子監」，「國子監」遂成為朝廷的大機構。繼位的明成祖將國都從應天府（南京）遷到順天府（北京）後，「國子監」就分而為二，北京和南京各有一個「國子監」，其規模和業務幾乎加倍。從「社學」到「國子監」，明確表現出皇帝與朝廷重新重視文人傳統，要從文人中取才，而且只從文人中取才。

朱元璋不是傳統的文人，但在當皇帝時，他親自寫了兩部著作。一部是注釋《老子道德經》，叫做《御注道德真經》或《大明太祖高皇帝御注道德真經》。據說這本書是他在十天之內寫成的，顯示《道德經》的內容在當時強烈打動了他。不過這本書在《道德經》的解釋上，不管在當時或後世，並沒有什麼重要的影響力。

真正有大影響的是另一部著作，叫做《大誥》。《大誥》就是皇帝、最高權力者由上而下對人民說的話。這是朱元璋親筆寫下來的。

《大誥》共分為四部分，原來的《大誥》之外，然後又編制《大誥續編》、《大誥三編》，再加上《大誥武臣》。四部分加起來一共有兩百三十六條。《大誥》有多重要呢？在洪武十八年首次頒行時明確要求：「一切官民諸色人等，戶戶有此一本。」（《大誥・頒行大誥》）政府要印發給所有的人，每一戶一本，人民隨時要在家中保存一本。還有每所學校，從最初級的「社學」到中央的「國子監」，也都要隨時存藏《大誥》。

同時還載明，遇到犯了笞杖、流刑以上重罪的罪犯，官府必須到罪犯家中查明，是否有依照規定保存《大誥》，查出來確定有，那就可以減刑；如果沒有，那就罪加一等。

這不只是皇帝的「御言」，更是以政治和法律的力量推行到全國各地、各階層的一套灌輸價值觀、統一價值觀的教材。

04 逆轉官與民關係的重要訓誡

《大誥》中有六十條是從法令、法條而來，等於是皇帝自己從律令中選出了重點，藉《大誥》反覆提醒人民絕對不能違犯。另外有一百五十六條則屬於「官民過犯」，也就是舉出許多案例，具體表明什麼樣的人在什麼狀況下犯了什麼罪，會有什麼樣的下場。

每戶人家都要收藏，而且要按時閱讀或誦讀，反覆熟悉重要的法律規定，檢驗自己有沒有犯同樣的錯誤，同時知道如果有這些行為，會得到什麼樣的懲罰。這是全面的、徹底的法律教育，是過去在中國歷史上從來沒有出現過的、最有效的法律意識管控。

就連秦始皇的法家信念要求「以吏為師」，都做不到像明太祖編制《大誥》的社會教育那般徹底，因為如此普遍的教條灌注，需要很多條件配合。首先，秦代就無法大量複製文件，當時在竹簡上刻寫文字的方式費時耗工，而且成本昂貴，不可能普及。再者，當時的識字率也使得普遍發布文本沒有實質的效果，家戶中要有能識字、能閱讀的人，比例顯然不高。

這些技術條件在明代成熟了。刻版印書工業大為發達，識字率也在近世社會高度文人化，以及藉科舉考試向上流動的動機遍布社會各階層的情況下持續地上升。另外，從發送並檢查《大誥》，我們也能知道明朝初年很快就開始積極整頓地方組織，重建戶籍控制。

《大誥》的主要內容是「官民過犯」，不只有「民」，還有特別針對「官」的部分。這是極度聰明、可以產生強大效力的做法，對於官員會犯的錯誤、應該受到的懲戒，一併放入一般人民要定時、反覆誦唸的內容中。這事實上就是培養人民普遍的官箴意識，了解做官之人不可以做什麼。在人民的價值觀基礎上，形成了對於官員的管束與考核。

《大誥三編》全都是針對文官，《大誥武臣》則特別針對武官。但這兩部分，都不是只提供給官員，而是普遍發送到所有的家戶裡。所以大家會讀到、聽到皇帝直接的口吻，有時甚至是刻意表現得極度坦白、近乎交心的訴說。例如：

若靠有司辨民曲直，十九年來未見其人。……以其良民自辨是非，奸邪難以橫作，由是逼成有司以為美官。（《大誥三編．民拿害民該吏》）

他直接對人民說，如果你們心中存著想法，期待當官的會替你們弄清楚所有的是是非非，那讓我誠實告訴你們，別做夢了！你們應該相信我看過很多官員，十九年來，我從來沒見過一個這樣的官！所以不是人民依靠官員來查明是非，而是倒過來官員要靠人民。人民要形成強大的、堅持分辨是非的力量，逼著官員不能昏聵、不能吃案、不能徇私，讓他們在壓力下不得不當個「美官」。

這是清楚明白地要求人民監督官員，逆轉官與民關係的重要訓誡，而且來自於皇帝、最高權力者。他甚至進一步以同樣明確的文句告訴人民，必要時可以將惡官綁了交給皇帝。[14]《大誥》表現了在官和民之間，皇帝毋寧比較接近民的一種特別態度。

05 從「空印案」看整肅吏治的雷厲作為

類似的態度之前就出現過，即洪武四年（一三七一年）推動的「甄錄天下官吏」行政措施。這等於是對朝廷官員從中央到地方的一份總普查。除了確定誰是誰，在什麼位子上（錄）之外，還要有所鑑別（甄）。

普查、登錄的過程中，如果有百姓去告狀，揭露做官者的惡行惡狀，或是上級給了不好的評價，很可能這樣的人就被淘汰掉。所以普查前和普查後，差別是官員變少了，藉此過程淘汰了一批官員。

四年之後（洪武八年），發生了一件重要的大案，史稱「空印案」。背景源於官僚運作上，

14 如《大誥三編．民拿害民該吏》云：「今後所在有司官吏，若將刑名以是為非，以非為是，被冤枉者告及四鄰，旁入公門，將刑房該吏拿赴京來；若私下和買諸物，不還價錢，將禮房該吏拿來；若賦役不均，差貧賣富，將戶房該吏拿來；若舉保人材，擾害於民，將吏房該吏拿來；若勾捕逃軍力士，賣放正身，拿解同姓名者，鄰里眾證明白，助被害之家將兵房該吏拿來；若造作科斂，若起解輪班人匠賣放，將工房該吏拿來。」

地方官到年底有會計總結算，這筆帳必須上京核對。如果到了京師，負責檢校的機構告訴你哪些項目不對、哪些地方有問題，那怎麼辦？理論上必須退回去修改、甚至重做，但退回去一趟說得容易啊！路途那麼遠，路上變數那麼多，時程期限又甚迫近，對大部分地區而言這都不是現實的解決辦法。

現實上一般的變通做法，就是上京時多帶幾份空白卻蓋好官印的奏表，萬一遠來準備的內容不能通過，就由奉命到京師的辦事人員直接按照要求改好一份，然後再送進去。如此既能趕上期限，又不必來回奔波。

這樣一種權宜的方便做法，被朱元璋知道了，皇帝大怒，並且以極其嚴厲的方式進行調查與懲處。「空印」指的就是上面蓋了官印卻沒有內容的文件，只要發現了，上面蓋官印的那個人就砍頭，一下子殺了幾百人。再來，牽涉其中的人也都發配戍邊，株連數千人。

接著連帶地發動了全面查核贓官的政治運動。全面鼓勵告密，知道有官員收賄的就去告發，查明屬實，涉案者就送到皇帝的家鄉鳳陽去開荒屯田。五年之中，因查贓而被發配到鳳陽的超過萬人。

洪武十三年還有影響更大的「胡惟庸案」，此案牽涉更廣，涉及到和朱元璋一起打天下的這群淮西集團。朱元璋極度念舊，和這群功臣發展為一個緊密的聯姻集團，形成圍繞著皇帝的核心小圈圈，人數很少，而且帶有強烈的排他性。

例如這些受封的開國功臣之中，臨川侯胡美的女兒是朱元璋的皇妃；武定侯郭英的妹妹也是朱元璋的皇妃，而且他的兩個女兒都嫁給了朱元璋的兒子，一個是遼王妃，另一個則是郢王妃。魏國公徐達的一個女兒嫁給燕王朱棣，也就是後來的明成祖，另外兩個女兒分別嫁給代王和安王，也都是朱家的媳婦。鄂國公常遇春的女兒也嫁給了朱元璋的兒子，一度是皇太子妃。衛國公鄧愈的兩個女兒，一個是秦王妃，一個是齊王妃。宋國公馮勝的女兒是吳王妃，潁國公傅友德的女兒嫁給了晉王的大兒子。信國公湯和的女兒是魯王妃，涼國公藍玉的女兒是蜀王妃。

基本上，朱元璋的每個兒子家中都有功臣之女，這些功臣每個人都是皇帝的姻親。這是前所未見的、緊密的親戚加權力集團。在這高度集中的團體旁邊，不是淮西人、打不進團體中的，地位和待遇也大不相同。

洪武三年就先發生了「楊憲案」。楊憲不是淮西人，當上中書左丞後，被認為故意裁抑朝廷中的安徽淮西人，引起反彈，於是被李善長、胡惟庸等人構陷告發，導致楊憲被殺。

楊憲被除掉之後，洪武朝廷的權力核心中，大概只剩下劉基一人不屬於淮西集團。劉基顯然比較小心，盡量不去侵犯淮西集團，但還是成為他們的眼中釘。後來仍然是胡惟庸出面，先告他收賄，再進一步告他「有貳心」，說他看中了一個有「王氣」的地方，就與民爭地要占來當自己的墓地。在權力鬥爭的壓力下，劉基從朝中退休，回鄉一個月後就去世了。也有傳言說他是被毒殺的。

06 淮西集團的坐大與「胡惟庸案」

淮西集團勢力很大、很囂張。造成這種局面的主要不是別人，就是朱元璋自己，是他的保守懷舊態度讓淮西勳貴不斷坐大。但後來有一件事使得朱元璋有所警覺，迅速改變了他的態度。

朱元璋的懷舊心情到達最高峰，就是要將鳳陽立為「中都」，把朝廷遷回家鄉去。一時鳳陽大興土木，朱元璋充滿期待前往視察。據說進入鳳陽後，朱元璋見到一座大房子，以為是宮殿，左右告訴他不是；見到另一座大房子，又以為是自己的宮殿，左右還是說不是，如是者數回。

讓皇帝誤以為是宮殿的，都是這些功臣勳貴同步興建的豪邸。朱元璋感覺不對了。回鳳陽當然是衣錦還鄉，但不只自己如此，這些人也都是啊！看到他們蓋的房子，在規模、形制上簡直和皇宮沒有兩樣。皇帝心裡不舒服，卻也不便發作，畢竟這裡也是他們的家鄉啊！

朱元璋在洪武八年放棄了營建「中都」的計畫，部分來自這個原因。更重要的，他開始對原本極度親近、倚重的淮西集團有了翻轉的不信任與猜忌看法。「胡惟庸案」主要的目的之一，就是整肅這個集團。

在各朝開國歷史上，「胡惟庸案」和宋朝趙匡胤的「杯酒釋兵權」形成了最強烈的對比。趙匡胤的功臣夥伴們交出了軍隊，在新的王朝中沒有勢力，換來安養天年、子孫富貴的待遇。朱元璋的功臣們則是除了常遇春早逝之外，還活著的後來幾乎都在「胡惟庸案」中受到株連，而且不只第一代，他們的兒子、甚至孫子也難逃其殃。

為什麼是「胡惟庸案」？因為胡惟庸是淮西集團在朝廷中的最高代表，整肅楊憲和劉基都是由他發動、由他出面的。

洪武九年，朱元璋改革中央官制，將從宋朝傳下來的「平章政事」、「參知政事」等職都取消了。兩年後，又「命奏事毋關白中書省」（《明史．太祖本紀二》），也就是大臣奏事不必再向中書省報告。再一年，皇帝明白下諭，要求認真檢討元朝之所以滅亡的原因。下諭表面上是徵求看法，實際上皇帝心中早已有答案，就是要藉機出手行動。朱元璋要的答案是：因為元朝的中書丞相掌權、濫權，導致朝政敗壞，為其滅亡主因。

從改革中書省，到檢討前朝的中書丞相所作所為，照理說皇帝的心意很清楚了，照理說應該沒有人敢做中書丞相了。然而作為淮西集團的核心人物、又是檯面代表的胡惟庸，仗恃著集團勢力，從來沒有意識到、從來不相信皇帝的這些話、這些舉措是針對自己而來的。

該警告的、甚至該恐嚇的，皇帝都做了，胡惟庸卻都沒有退讓、沒有辭職，對朱元璋來說是可忍孰不可忍，於是就在洪武十三年羅織了謀逆的罪名，誅殺了胡惟庸。

至高皇權一旦發動，就不會僅止於對付胡惟庸一人。旁邊測探皇帝心意的人，立即進行了牽連，將矛頭指向在此之前不可一世的淮西集團。這些人過去權高位重，難免行事囂張，必定得罪很多人，也必定做過很多不合法、不合理的事。

07 中央廢除中書丞相，地方取消行中書省

「胡惟庸案」以胡惟庸始，十年之後，才以李善長終。朱元璋自己製作了一份《昭示奸黨錄》，列出此案的罪人們，上面最後一個名字，就是最早投靠他、和他合作的文人李善長。李善長被殺時已經七十七歲，全家還有七十多人同案株連。

於是十年之後，在朝廷中原本占據最高位子的開國功臣們全消失了，權傾一時的「淮西幫」徹底瓦解。不過這只是在官僚體制最上層的現象，再往底下看，「胡惟庸案」前後牽連三萬多人，這些人都是官員及其家人。

在體制上，朱元璋藉「胡惟庸案」永久廢除了中書丞相，也就是廢除了中國從秦、漢帝國建立以來，存在了一千多年的宰相。在歷史上，這個職位更換過許多不同的名稱，地位有高有低，

權力有大有小，和皇帝的關係有時融洽、有時緊張，然而基本上不變的結構是——皇帝總是透過宰相來治理國家。宰相是帝國龐大官僚系統的直接領袖，實質指揮中央朝廷官員。

也就是說，皇帝是名義上的至高統領，但皇帝不必親自指揮政府，而是委由宰相來運作龐大的行政機器。這樣的安排有其道理。首先，皇帝不必為政治措施的成敗負責，遇到事情時可以先撤換宰相、甚至懲罰宰相來緩和民怨；再者，很多皇帝即位時沒有行政經驗，在位時也不見得對統治事務有興趣，不如將如此複雜與麻煩的工作交給從體系中來、有足夠經驗的專業人才。

「胡惟庸案」之後，這樣的雙重權力安排消失了，皇帝成為行政首長，中間不經過宰相。變革中曾有過渡做法，一度設立了「四輔官」。「四輔官」分為春官、夏官、秋官、冬官，每職各有三人，擔任主要輔佐的大臣，但實際上每個人只輪流負責每個月中的一旬（十天），才能在朝中具體參與政事。

「胡惟庸案」之後，中央朝廷是皇帝自己當行政首長，不再將行政權交給宰相。而在地方上也進行了類似的、平行的改革。在地方上，明朝原本繼承元朝的「行中書省」，那是整合民事與軍事的高度獨立機構。在元朝，「行中書省」有兩層意思，一層是地理名稱，這裡叫「湖廣行中書省」，那裡叫「江浙行中書省」；另外一層意思，指的是一個具備高度自治權力的政府。

朱元璋的改革就是取消了「行中書省」的官署意義，只保留了地理意義。「行中書省」不再有單一的長官，也不再有地方獨立的權力運作組織。改革之後的地方事務由三個機構分頭負責：

布政司管行政，按察司管治安刑罰，都司管軍事。而這三個機構的長官及他們帶領的人員，不是對「省長」負責，也不在「行省」內部協調統合，而是各自對中央相關部會報告。事實上官僚體制上的「行中書省」（改稱「承宣布政使司」，簡稱「布政司」或「藩司」）沒有「省長」，沒有一個「省」內的最高領導者。

「省」的三司隸屬於中央朝廷部會，中央朝廷部會由皇帝直接統管，等於各地方也是由皇帝自己直接掌控。

「胡惟庸案」後，明朝出現了一個空前未見的朝廷官制、空前未見的高度皇帝集權制度。

08 《大明律》的重其重罪，一貫即貪汙

洪武十八年，又有「郭桓案」。郭桓是戶部侍郎，被查到和當時的北平布政使司、按察使司共同「侵盜官糧」，也就是將從南方運來的官糧從中扣扼以謀私利。

這又擴張成為大案。戶部是管糧食的，那到底侵奪了多少官糧呢？被扣下、偷走的官糧又去

了哪裡？從這兩個基本問題追查下去，愈追範圍愈大，愈追牽連愈廣。

在追查被盜官糧的過程中，數字不斷增加，最後以七百萬石結案。七百萬石！這是何等驚人的龐大數量，然而這還只是妥協之後公布的數字，原本都查到兩千多萬石了。一來如果每一石都要查明去處、有人負責，那得查到何年何月，二來又要株連多少人？所以才以七百萬石當作句點。七百萬石的弊案，牽連到兩萬多人，這裡面絕大多數又是官員及其家屬。

肅貪、查贓糧的做法，背後有律令依據。《大明律》是明代訂定頒行的法律。在中國歷史上，《唐律》是第一部真正具備完整體系的律令，之後各朝便以《唐律》為底本進行增刪調整，因此我們可以藉由和《唐律》對照，來理解《大明律》的特色。

首先，《大明律》中關於死刑的執行方式，除了《唐律》中規定的「絞刑」、「斬首」之外，多增加了「凌遲至死」。這項刑罰的重點在於不只要取走犯人的性命，還要延長其過程，盡量製造最多的痛苦，作為加重懲罰。「絞刑」、「斬首」行刑都很快，「凌遲」卻要拖很久，而且到後來愈拖愈久，有時甚至超過一天。

其次，《唐律》的刑罰中有戍邊、有流放，《大明律》多了一項，叫做「充軍」。犯法遭到懲罰，流放到邊境去擔任防衛工作之外，還要被納入「軍戶」。「軍戶」制度承襲自元朝，因而重點在於世襲。也就是這樣的罪刑會「禍及子孫」，一旦「充軍」，罪責嚴重者其後代就都是「軍戶」，只能當軍人，不知何年何月才能擺脫這個身分。

而且「充軍」規定很細，共分六等，規範發配的距離遠近。從第一等最輕的「附近」，即離家一千里的地方，到第二等「沿海」、第三等「邊衛」、第四等「邊遠」、第五等「煙瘴」。「煙瘴」照字面的意思，就已經是不適合人居住，去了就要生病的地方。卻還有比「煙瘴」更可怕的第六等，叫「極邊」，那就是基本上沒有人到得了，去了當然也就回不來的地方。

整體來說，《大明律》對比《唐律》是「重其重罪，輕其輕罪」。在「重其重罪」方面，又有兩項變化發展。一種是本來最重的罪是死刑，又在死刑上再加讓人不得好死的「凌遲」，加重死刑的懲罰強度。還有一種是「重罪」增加了，被判定要處以嚴厲懲罰的罪名比以前多得多。

《大明律》中比《唐律》多出了可以判處死刑的重罪共二十七項，其中有超過二十項和謀反、貪汙有關。也就是說，特別針對只有官員才會犯下的罪名，是「重其重罪」的焦點。

《大明律》中將「受贓」特別獨立成為一卷，這是《唐律》中沒有的。謀反還可能涉及平民，即沒有官位、不在官僚體系裡的人；「受贓」卻是百分之百針對官員，有官職、有權力的人才有可能貪汙受賄。

《大明律》中極度看重貪汙行為，視之為重罪。〈受贓卷〉中明白規定，查贓，即追查貪汙行為，以「一貫」為分界標準。歷史上幣值很難換算，但可以確定的是，「一貫」不會是一筆大錢。明初從南京到北京的一趟花費，以二十天旅程，大概在一百貫到兩百貫之間。依照購買力以及和白銀的相對價值，「一貫」約莫值今天新臺幣兩千元左右。

〈受贓卷〉規定，貪汙所得如果在一貫以下，那要「杖七十」，用大板子打七十下屁股。受賄更多呢？以五貫為單位，每多五貫就罪加一等；到八十貫以上，那就是死罪。

09 官員在律令前沒有特權，更被嚴苛看管

唐朝時因為中古的世家勢力還在，因而《唐律》中保留了有身分之人的特權。平民犯罪受到的待遇和貴冑世家不一樣，也就是給予官員特別的減罪空間。

官員如果犯了殺人死罪，可以多要求「議」，這是平民犯同樣的罪時沒有的待遇。所謂「議」就等於上訴，讓上級機關另外討論一番。就算討論之後還是維持死罪，犯罪的官員還可以再「請」，就是拜託特定人士，包括皇帝，給予特別恩賜免死。

「議」、「請」之外，官員犯罪本來就可以依照官職高下而有「減」。另外，還可以將部分的處罰改以錢來「贖」，或是該死的罪藉由服勞役的「當」減為不死。最後，還有一些人因為有功勞、有爵位等，而得到「免」的特權。

「議」、「請」、「減」、「贖」、「當」、「免」，在唐朝當官的人，有這六種管道可以犯了死罪卻改為不死。他們和平民之間在律法面前是大不平等的。

這六項特權到了《大明律》中都被大筆刪削了。早在清代就形成了對於《大明律》的公認評價，那就是「只知尊君，而不知禮臣」。君王在律令中的地位很高，相對地，大臣在《大明律》裡不只很沒分量，得不到什麼特權對待，甚至還倒過來以嚴苛態度被看管、懲罰。

在如此凸顯「君尊臣卑」的背景之下，「郭桓案」發生後沒多久，洪武十九年，又迎來一場對於官員的大整肅，名目是嚴打「積年害民官吏」。四年之後再來一場，重點改為「嚴懲妄言者」。「嚴懲妄言者」很容易引起誤會，其實這場運動的對象不是一般人，而是官員，是檢討官員有沒有什麼不當言論。從一個角度看，其侵害言論自由的程度沒有那麼嚴重；但換另一個角度看，官員都是文人，很多言論都寫在文書上，不只很容易追查，也很容易藉由主觀的解釋扭曲意義，羅織「妄言」的罪名。

值得注意的是，「妄言」，也就是「不當言論」的焦點，除了針對君王之外，還有牽涉到官員與人民的部分。實質上和糾察「積年害民官吏」一樣，都是在動員人民告發官員，甚至是提供人民可以報復官員的手段。

洪武二十五年，朱元璋下令製作《醒貪簡要錄》，其主要精神就是將宋太祖趙匡胤聖諭「戒官碑」的十六個字「爾俸爾祿，民膏民脂，下民易虐，上天難欺」給予完整的指導。各級地方官員一上任就會拿到一份文件，告訴你這個地方有多大、有多少人、每年有多少收入，如此算出來你的薪俸占所有人生產所得的多少。讓你明白知道，你是依賴這些人的生產，即幾十戶、幾百戶人家一年的生產所得過活的。你要懂得感激，你更要小心謹慎。

《醒貪簡要錄》同時公告了戒貪、懲貪的原則，貪汙罪的輕重，是和這樣的數字聯繫在一起的。如果在窮鄉僻壤貪汙，雖然貪不到太多錢，卻顯得更沒良心，要加重處罰。

10 「官」整體降等為「吏」

這些做法的總體效果，很明顯地是打擊士人。表面上看，科舉、學校作為施政重點恢復了，然而在文人與朝廷的關係上，明朝卻和宋朝大不相同。

《不一樣的中國史》第八、九冊中多次提到，宋朝文人最重要的精神，來自於一份「與君王共治天下」的自覺與自信。但到了明朝，雖然也是透過學校與科舉考試，雖然也是官僚和文人身分合一，但不該被忽略的是，整個官僚體系相較於君王地位，被大幅降等了。

「胡惟庸案」在歷史上有雙重意義，一重是誅殺功臣，另一重則是官僚降等。表面上一品、二品都在，但沒有了宰相，甚至沒有了中書省，即使最高官品的人也當不上宰相，也不會有宰相的地位。連帶地，當然就是官品與官位相對都全面貶值了。

更關鍵的是，整個官僚體系連一個名目上的首長都沒有了。過去在歷史上，無論實質作用有多大，宰相始終維持著代表官僚體系與皇帝配合、協商，甚至有時對抗的角色。「胡惟庸案」之後，皇帝自己統領六部，官僚變成是直接聽命皇帝的部屬，相對於皇帝的權力，官僚系統失去了獨立性。

宋朝有很多名臣，權力大，影響力更大。明朝的名臣如張居正，卻必然成為悲劇。因為他的才幹再高、能力再強，還是只能當大學士，這個結構沒有足夠可以讓他合法發揮的空間。

更誇張、更戲劇性地說，以宋朝的標準來衡量，明朝其實沒有「官」，「官」都被取消了。本來培養、訓練「官」的這一套學校與科舉機制，現在培養出來的人，都只被皇帝當作「吏」來使用。

朱元璋不要可以思考、可以做事、可以擬定政策照顧人民的「官」。他要的只是聽話、乖順、不要貪汙、不要欺負侵奪人民的人。於是「官」整體降等為「吏」。那本來的「吏」呢？「吏」跟著再降一等，就和民間的地方勢力勾結在一起，製造出一塊曖昧空間，在中國政治上形成了長遠的弊病，甚至一直延續到清朝滅亡後都無法處理。

從中古到近世，原本身分世襲的世家貴族階層消失了，宋朝已經是一個相對扁平化的社會。皇帝及其皇權透過官僚體系來統治人民，沒有世家大族在中間分掉權力。文人官僚不是貴族，因為他們都是藉由考試進入這個系統，沒有人能只靠身分而長期握有權力。皇權是世襲的，官僚權力卻不斷流動、不斷換人，所以官僚不會威脅到皇帝的權力。

不過在宋代，官僚系統作為一個集團，卻還是可以對皇權產生一定的節制作用。官僚系統中任何個別的人都不可能抗拒皇帝，皇帝要將你調職，你就失去了原有的權力；然而官僚系統的整體卻是皇帝撼動不了的。皇帝還是要和這個系統合作，才能行使他的統治權。

到了明朝，情況改變了。朱元璋約束官員、整肅官員，甚至羞辱官員，達成了將官僚系統主體性瓦解的效果。官僚變成了依附在皇帝權力上、完全依皇帝命令是從的機構。官僚和皇帝之間的平行合作關係徹底被打破，只剩下垂直從屬關係。

於是也就創造了一個更扁平的社會，皇帝的皇權直接凌駕於人民之上，皇帝和人民之間的權力差別也就更加絕對。從權力角度上看，皇帝擁有一切，人民一無所有。一邊是全部，一邊是零，沒有中間。本來站在中間的文人官僚，現在都被收編到皇帝那邊，改組成為皇帝的權力工具，不再是皇帝與人民之間的中介、溝通、協商角色。

11 文人的價值舊夢，卻失去了尊嚴

朱元璋怎麼能夠如此將文人降等，如此卑屈官僚體系中的文人？

首先，朱元璋是個狂熱的制度建造者，從戰鬥到統治，他的眼光都比別人長遠。他一直在思考下一步要怎麼做，所以解決一個問題，便傾向建立一個制度，阻止同樣的問題再度產生。

他的權力來自長期的戰鬥，而且戰鬥的主要對象並不是蒙古人，他很清楚自己不是從蒙古人手中得到天下的。蒙古人不是主要敵人，當他擊敗陳友諒、張士誠時，他就知道天下在他手中了，毫不猶豫立即發動北伐。

他當然會思考元朝為何變得如此脆弱。洪武十三年廢宰相的做法，其實前一年朱元璋就先發出預告了。他明白表示元朝就是亡於丞相濫權。「胡惟庸案」後，朱元璋並不是一時不再設宰相，而是徹底廢除了中書丞相；還不只如此，他特意下詔，未來如果有官員建議要設丞相，不管哪個兒孫當皇帝，一律不能聽，一律立即將建議的官員拖出去殺了。這是嚴格的制度，對他來說，是徹底擺脫元朝貧弱問題的重要制度。

所以他想得很清楚，他需要文人官僚，但這個系統必須聽命於皇帝，執行皇帝的意志。他要確認這個系統會聽話，而一波一波的整肅，就是為了保證官僚系統在這方面的基本性質。

那文人為什麼要接受、甚至配合朱元璋的意志呢？因為有元朝，因為文人官僚體系先在元朝受到了衝擊與改造，許多文人被迫離開，政府控制在蒙古人和色目人手中。文人必須轉型，勉力將原本「貨與帝王家」[15]的本事改為和社會連結，暫時撐持住，沒有瓦解、沒有消失。

明朝建立時，文人的官僚記憶還在，而且透過元朝中期恢復科舉，強化了文人的價值舊夢。大部分的文人仍然認定自己真正的前途應該在官場，只是暫時受阻了。元朝的科舉制度，從各種現實條件來看是奇差無比，卻還是引發了熱烈的反應。讀書人趨之若鶩來參與考試，不是單純由現實利益或權力欲望所驅動，還加上那樣一種回復正道夢想與期待的強烈因素。

這樣的集體心理狀態是明朝建立的背景。在近百年被邊緣化之後，文人要集結起來重新加入統治機制，而朱元璋剛開始擺出的姿態，有效地燃起了文人社群、文人家庭的希望。即便必須付出代價，他們都積極要回到想像的「正確」位置上。

朱元璋卻冷靜、近乎冷酷地讓他們付出了很高的代價。其中最大、最糟的代價，就是在皇帝

15 完整句子為「學成文武藝，貨與帝王家」，意思是學好了文武本領，可以賣與皇家效力。可參見元雜劇《馬陵道．楔子》：「自古道，學成文武藝，貨於帝王家。必然見俺二人學業成就，著俺下山，進取功名。」明馮夢龍《喻世明言．陳從善梅嶺失渾家》：「陳辛曰：『我正是學成文武藝，貨與帝王家。』不數日，去赴選場，偕眾伺候掛榜。」

面前失去了尊嚴。宋朝的文人高官可以在皇帝面前坐著說話，到明朝就只能站著，而且動不動還要跪。然後多了「廷杖」的懲罰形式，官員在朝堂上被公開脫褲子打屁股，打得死去活來，打死了就拖出去。

文人付出的另一個沉重代價，是彼此團結的集體性也瓦解了。朱元璋發動的種種整肅運動，就是要確保文人個別對皇帝效忠，不會聯合起來對抗皇帝。「株連」產生的作用也就是威嚇文人：你和其他文人之間的關係，隨時可能成為使你喪命抄家的理由。在官僚體系中，你應該就是眼睛往上看，只看皇帝的好惡，不要任意看旁邊，不要和其他文人有牽連，這樣最安全。不然只要那傳聞中的七百萬石贓糧經過你的轄區，那麼你輕則要跟著分繳，重則就要送命。

任何集團化的動機都受到了嚴格看管、嚴密打壓。文人傳統經過了元朝已經很脆弱，又遇到朱元璋這樣雄才大略的開國君主，產生了對文人極度不利的制度。

不過換另一個角度看，元朝的遺產也相對使得這件事沒有那麼恐怖、那麼絕望。元朝的政治環境已經刺激、開啟了「菁英角色的擴散」過程，讓文人將文化投入城市商業化，從社會而不是從朝廷汲取文化的資源與養分。於是在明朝，有一部分文人仍然得以選擇不進入官場，更進一步在城市裡尋找他們的生計。

朱元璋建立了一套不能有任何自我意見、只負責執行日常事務的官僚系統。他們不問問題，更不提政策主張，戰戰兢兢地處理好分配到的業務。這樣的官僚系統到後來保障了明朝政治的基底，即便有無能或不負責任的皇帝，像是二十多年不上朝的萬曆皇帝，官僚系統可以維持自主運作，不會垮掉，更不會造成社會動亂。

明朝有很多壞皇帝，但明朝繼續存在沒有滅亡，正因為有這樣一套不思不想、自動運作的官僚。於是在政治領域方面，文人文化的表現乏善可陳，一直要到明末才有王夫之、黃宗羲、顧炎武等人，有較為像樣、突破的政治思想與主張。而在官僚以外，高度商業化的文人文化，才是具備新活力、新成就的領域。

第八講

明代商業運作與「資本主義萌芽期」

01 探源「資本主義萌芽期」

在中國史研究上有一個特殊的名詞——「資本主義萌芽期」，明顯呈現了地域上的區別。在中國大陸，講明朝的歷史，一定會提到「資本主義萌芽期」；然而在中國大陸以外的地方，包括臺灣和北美洲，一般讀者無法理解這是什麼，連很多歷史學者都對「資本主義萌芽期」這個詞語感到陌生。

會有「資本主義萌芽期」的說法，遠因是中國在二十世紀產生的一個大探求：當西方勢力排山倒海而來，中國的未來在哪裡？該怎麼辦？這個問題如此具體又如此迫切，很多時候中國都似乎被逼到亡國的邊緣了。在中國文化傳統中，一項近乎本能的反應模式，便是遇到重大問題時，一定要到歷史裡去尋找答案。

從清末民初一路貫串到民國時期，歷史學受到了極大的矚目，它不只是一門專業學科，更被附加了提供現實與未來出路的責任。在不同的文化脈絡下，包括在離開中國傳統思想模式愈來愈遠的當今現實下，或許會認為都已經快要亡國了，哪還有工夫、還有心情討論歷史？然而在中國，卻正是在這種局面中產生的迫切感，出現了以梁啟超《中國歷史研究法》帶頭的一系列對於歷史觀念、史學研究方法的認真討論。

在那過程中，對應強大的西方科技與政治勢力，西方的歷史觀念與史學理論，也在中國受到了極大的重視，積極引進、激烈討論，並且具體運用在對於中國歷史的探究、理解上。

西方在兩、三百年間發展出來的歷史觀念和史學方法，密集地、壓縮地在短時間內都被介紹進中國，於是不同的流派主張就在中國彼此衝激、抗衡，有對立也有協調，有競爭也有混同，最終從亂軍中昂然站起、得到最高影響地位的，就是馬克思主義的唯物史觀。

馬克思主義極其複雜，包含了許多不同層面的理論與號召。馬克思主義在中國的興起，一部分原因就在同時滿足了不同階層的人不同的要求。對下層農民來說，馬克思主義最重要、最吸引人的，就是「共產」的主張，那符合他們素樸的平等嚮往，並應和了來自現實生活中的強烈不滿。為什麼有人那麼富而自己那麼窮？少數人得到那麼多的享受、握有那麼多的財富，如果不要如此集中聚攏，稍微分給大家一點，每個人的生活不就都能改善了嗎？

「共產」的號召不需要太多的學問，內在有公平概念帶來的合理性，很自然能夠吸引下層人民。而對上層的知識分子來說，馬克思主義則是從西方來的、在西方當紅的一門理論，是在西方被證明有科學真理地位的知識學問，帶著好幾重的光環。於是馬克思主義做到了其他思想因素沒能達成的成果——有效地將中國的上層菁英分子和下層廣大農民的力量結合在一起。

02 社會主義革命前，先得進入資本主義

馬克思主義也對急於尋找中國前途答案的人有特別強烈的吸引力。這群人格外注意的是「科學的唯物史觀」。

什麼是「科學的唯物史觀」？這意味著我們可以將歷史拿來當作人類實驗室，透過對於歷史的整理，找出其中影響變化、主導變化的模式，從而建構起模式來。就像物質世界的變化可以透過觀察、實驗、歸納而找出科學規律般，人類集體行為的變化，必定也同樣依循著科學規律，只看我們是不是能同樣用觀察、實驗、歸納的方法建立起來。

那個時代的中國知識分子每天都活在具體的羞辱和危急的狀況中，他們厭惡現實、害怕現實，很想擺脫現實，進入未來。他們當然有強烈的動機想要覘知未來，如果有可能的話，讓未來早點到來，取代難以忍受的現實。

「科學的唯物史觀」給予他們「科學」的保證，從天才馬克思發端，經過了包括恩格斯在內的眾多西方一流人才的投入努力，得到了一套確切的真理。「科學的唯物史觀」發現了人類歷史發展在社會性質的變化上，有著清楚的方向與階段，這是被證明了放諸四海皆準的定律。

一九三〇年代，在中國知識界掀起了「社會史論戰」。比較精確地說，這其實是一場「歷史社會性質論戰」。論戰不是針對中國社會史的任何史實，而是第二序理論上的驗證與爭辯。「社會史」在這裡被看作不言而喻地就是在討論歷史上的不同社會性質與階段，依隨著「科學的唯物史觀」，要來弄清楚在中國歷史上，哪一段屬於「亞細亞生產方式」，哪一段屬於「奴隸制時代」，哪一段又是「封建制時代」？討論「社會史」，也不是單純的歷史研究，而是有著強烈的現實意涵。如此一路區分歷史時期，才能弄清楚那當下的中國又屬於什麼樣的社會？如何、何時可以進入下一個階段，創造另一種新的社會性質？

最具有現實意義、也最為敏感的，就是若從「科學的唯物史觀」探究中，確定了中國當前屬於「封建社會」，很明顯地，下一步就是要發展「資本主義」。讓中國盡快進入資本主義、通過資本主義，才能在符合科學定律的情況下，再進入「社會主義」或「共產主義」的最高階段。

從另一面看，如果當前要進行「社會主義」革命，也就必須先證明中國社會已經在「資本主義」階段，才能符合「科學」的規律，期待革命成功。這樣的討論，不是出於純粹學理上或歷史解釋上的興趣，而有著具體、明確的行動綱領意義。

在那個時代的環境中，老實說，還真難主張、更難論證中國已經是一個資本主義社會。中國農民的比例遠遠超過勞工，中國的資本形成還在很原始階段，中國的工業資本規模還很小⋯⋯，從任何一個角度看，中國都離資本主義相當遠。那就表示中國還在封建主義的階段。於是依照

「科學」定律，不可能跳級躐等，成功推動社會主義革命，而是要進行資產階級革命。先建立起資本主義，才符合歷史的準則。

03 農民路線與唯物史觀的矛盾與調和

有一段時期，由理論而行動，就連蘇聯主導的共產國際，都部分接受這項策略原則，認定現階段該做的，是扶植中國民族工業家和民族資本家。要讓中國進入資本主義社會，以培養下一個社會主義階段的基本條件。也是在這樣的理論指導下，蘇聯決定和國民黨合作——國民黨被他們定性為代表中國新興民族資產階級，要先讓民族資產階級壯大起來，才有社會主義、共產主義的前景。

這是一套有理論根據的行動綱領，後來卻遭遇了強烈的挑戰，那就是來自中國共產黨內部，由毛澤東所主張的路線。曾經參加中國共產黨，後來和陳獨秀等人一起被打為「托派」（「托洛斯基派」）的鄭學稼，離開中共、到了臺灣之後，寫出了一套五冊的《中共興亡史》。這套書在一九七〇年出版，書名很奇怪，明明那個時候中共繼續存在，而且還在中國大陸奪權建國，有「興」卻哪來的「亡」？要如何寫中共的「興亡史」？

鄭學稼不是亂取書名，也不是在臺灣故意詛咒中共滅亡，而是強調地顯現他從黨內路線鬥爭所反映的史觀。對鄭學稼而言，中國共產黨成立於一九二一年，是國際共產運動中的一環，和共產國際、和蘇聯有密切關連。然而到了一九三五年，這樣的一個國際共產運動下，符合馬克思主義意識形態的中國共產黨就「亡」了。不是亡於國民黨「剿共」，而是在「長征」過程中，亡於毛澤東奪權。

遵義會議之後，中國共產黨離開了共產國際，最重要的是，離開了馬克思主義科學真理的路線，改而遵循毛澤東所主張的「農村包圍城市」、「農民暴動」路線。

在此之前，王明等人跟隨共產國際的看法，認定當前的革命工作重點在於一邊和民族資產階級合作，一邊在城市勞工中發展黨組織，在他們眼裡是沒有農民的，或者說將農民視為落後分子，與革命動員無關。

毛澤東卻是從最早調查湖南農民運動時，就意識到農民的重要性，後來更進一步將整個中國共產黨導向在農村發展。抗日戰爭中，在農村的動員奠定了中共的堅實基礎，壯大了戰後奪權的實力。

事實上，毛澤東的策略本來就是基於奪權的考量，而不是來自馬克思主義的立論。他不受理論拘束，念茲在茲的不是理論的正確性，而是策略上的有效與有用。

一九四九年是毛澤東運用農民，帶領中共成功奪權，成立了中華人民共和國。這在政治上是空前的成就，不過在馬克斯主義的理論上，卻製造了棘手的尷尬。被共產革命推翻的社會，依照「科學的唯物史觀」標準，明明是一個封建社會，卻運用了封建社會中照理說最沒有革命潛能的農民完成了革命。

這在理論上無疑有嚴重缺漏。中國共產黨在新中國所建立的，又是一個高度重視意識形態、強調意識正確性的政權，不能不在乎理論，不能只看現實而將理論擺一邊。於是一方面不能否定中國的現實，不能抹煞農民組織、農民動員的作用；另一方面，又不能放棄科學唯物論中歷史階段性的真理。這就成為建國之後大陸史學家不能逃避的重大任務。

這兩端都是固定的，毛主席「正確」的農村路線不能否認，馬克思的唯物史觀也不能否認，那就必須有可以在明明矛盾的兩者之間發揮調和作用的說法。

04 從一個極端走到另一個極端

在困窘情境中，激發出聰明、巧妙的「資本主義萌芽期」理論。中國為什麼沒有經過資本主義就直接進入社會主義？那是因為受到了「帝國主義」的干擾。更詳細一點說，在歷史上，中國其實已經產生一定程度的本土資本，正在朝向資本主義發展，卻在這個關鍵階段，「帝國主義」勢力進來了。

依照列寧的說法：「帝國主義是資本主義的最高階段。」也就是全球性的階級劃分。強勢的帝國主義為了保障自身的資本主義，便以武力與經濟力侵略其他國家，對其他地區進行殖民式侵奪，當作廉價勞動力來源，以及工業產品的傾銷去處。如此的帝國主義勢力，當然會阻止本土資本的新興崛起。

遵循唯物史觀的規律，中國同樣在封建社會發展到爛熟時，開始出現了活躍的商業貿易，產生商業資本，如果正常進行的話，必然就進入資本主義時期。然而在中國資本主義尚未充分發達前，西方帝國主義進來了，挾其最高階段資本主義的全球野心，打斷了中國原本的歷史進化。於是中國沒有完整的資本主義，只有「資本主義萌芽期」。

這是中國社會主義意識形態下的特殊歷史分期法：中國很早就離開奴隸制時期，進入漫長的封建制時期，之後在關鍵時刻，封建生產方式有了從量變到質變的累積破壞，出現了「資本主義萌芽」現象。而在「萌芽」得以茁壯長成之前，帝國主義的外來資本介入，中斷了中國本土資本發展，使得中國在生產方式上倒退。

在如此重整的分期架構中，國民黨不再代表民族資本階級，而是定性為買辦資本主義。一九四九年的革命，表面上看，好像是從落後的農業生產關係直接進入共產主義社會；但實際上中國當時的落後是帝國主義造成的，帝國主義則是世界性的資本力量。所以中國在共產主義之前的資本主義階段，是和帝國主義的侵略密切結合在一起的。

這是經過反覆討論辯證，彌合現實與理論差距的重要說法，對「建國」之後的中國近世史研究有著很大的影響。很長一段時間，大陸史學界的出發點一定是「唯物論」，一定要從經濟關係與階級成分講起，基底必然是社會結構。不過到了二十一世紀，一切已改變了，尤其在通俗歷史的認識上，好像這段時期的唯物論探究通通不存在了，復古還原到講帝王將相，講人物講權謀講宮鬥，「社會」徹底不見了，社會史的關懷更是消失了。

當年意識形態掛帥的科學唯物史觀，要求歷史配合先入為主的模式，產生了許多僵化套路的說法，有很多既無聊又荒謬。然而在這麼短的時間內，相反地將幾十年來的社會史研究全都棄若敝屣，卻也還是讓我覺得遺憾，從一個極端走到了另一個極端，像是將洗澡水倒掉時，連同澡盆裡的孩子也一併不要了。

唯物史觀的社會史研究，還是產生了許多有意義的結果，更新並深化了我們對於中國歷史的理解。例如「資本主義萌芽期」，雖然本來是為了理論上的需要硬去創造出來的觀念，但是接著刺激了需求，開始動員大批人力、腦力，從浩瀚的史料中特別去尋找、挖掘與「資本主義萌芽」有關的記錄。帶著這樣一個全新的問題意識，進而發現了過去傳統文人歷史意識下被忽略的不同社會面貌。

05 擺脫「萌芽」框架的經濟史資料庫

如何界定「資本主義萌芽期」？很簡單，「萌芽」的終點是帝國主義入侵，所以就集中看待明朝與清朝的經濟史，關切這段時期出現的新興商業活動，尤其是商業資本累積現象，以及商人的社會階級屬性變動。

大陸學者將明朝視為「資本主義萌芽」的開端，然而將注意力集中看待商業、貿易、市場，卻必然要聯繫到城市及交通運輸條件，那麼「資本主義萌芽」的基礎，就非得在時間上往前推到和元朝有關。也就是說，在促進明、清商業發達一事上，元朝有很大的作用。這在方面，從元朝到明朝，不是斷裂而是連續、繼承的。

幾十年的全國動員，在明朝和清朝的史料研究上帶來了許多突破。有學者專家費心耗時研究《三言二拍》和《金瓶梅》，完全不看、不討論文學，而是將小說裡相關的經濟資料萃取出來。另有大批的人力投注在「方志」的整理上，跳過以前認為最重要的地方名人傳記，只爬梳和商業貿易有關的材料。還有人注意到過去史學界很少運用、也不知有什麼值得運用之處的資料，例如在城市中的各地會館記錄，這時竟然發現裡面充滿了詳細的商人動向描述。明代和清代眾多的詩文集，這時候也被拿來全面檢讀，爬梳其中談到金錢、交易、借貸、典當、遺產等部分。

如此建立了非常有用的經濟史資料庫，讓我們得以對明、清社會有著和一百年前完全不同的認識，也引發除了「資本主義萌芽」外，甚至擺脫「資本主義萌芽」框架，都極有意義的新研究途徑。

新的經濟型態必須建立在元朝統一的基礎上。宋、金的南北分立對於經濟發展是很不利的，南北經濟條件在分立下的差距愈拉愈大，不僅北方貧弱，南方也失去了積極成長的需求動力。統一之後，因應南北差距立即有了交通貨運的需求，有效地將貨物從南方運送到北方。交通建設本身也刺激了新一波的經濟景氣，接著形成的城市網絡，增進了人口流動的便利，更有效提升了城市間的分工貿易量體。

而且元朝是由蒙古人從北方南下統一的，政治與軍事中心維持重北輕南，也保護了北方的經濟體系不至於敗破瓦解。交通系統建設上，北方維持了中心地位，方便貨物向北運輸，進一步刺激南方生產的成長。

元朝良好的驛站系統原是為了軍事與統治目的而建構、維護的，然而到元朝滅亡時，已經充分發揮在商業貨運上的高度作用，因而這套交通系統不會因為蒙古政權離去就遭到忽視而荒廢。一方面是元朝留下的價值意識形態，極度重視交通系統的維護，影響到後繼的朝廷行政；另一方面，交通設施在政治、軍事之外的功能也受到高度的重視，提供了另一層的維護動機。

中國傳統以農立國，農業向來被視為「本」；和農業相比，其他工商活動都是「末」。影響所及，中國社會階層的高下排比是「士農工商」，只有「士」因為有政治參與權，有管理人民的身分，才排在「農」的前面。

農業必須固著在土地上，除非動亂，人民是不輕易搬遷的。然而從元朝到明朝，原本「安土重遷」的習慣已經大幅減低了。這很明顯也是蒙古人的游牧文化進入中國所帶來的改變。

06 社會活力重新分配與白銀的流通

元朝另外造成了中國社會活力的重新分配。士人和政權之間緊密的紐帶被切斷了，產生了元朝士人與皇權之間的疏離。到了明朝，朱元璋雖然將士人找了回來，卻以一種高壓、強悍的態度控制士人，將士人當作統治上的官僚工具。士人和皇帝不再是合作的共治者，士人甚至無法保有自我管理的基本獨立性。

講到宋朝，一定要突出地講文人文化，因為那是社會活力、創造力的集中所在之處。進入明朝之後，情況改變了，遭到政治高壓管制下，文人文化不再能夠源源產出新內容。活力轉而流向文人文化和民間的交界處，或者說原來的庶民生活中受到「文人化」影響的領域。

在這方面，元朝和明朝又是前後相接的。元朝士人階層資源減少、萎縮，明朝則是士人地位快速下降，兩者都使得原有的士人階層轉而朝其他階層出走、流動。最特殊的現象，也就是士人轉向商人身分流動。當士人和政治關係密切、士人擁有政治權力時，商人地位相較很低；然而元、明兩朝士人地位下降時，相應地，商人就上升了。

另外一項明朝繼承自元朝的，就是發達的貨幣經濟。中國從宋朝開始試驗紙鈔，到了元朝，創建了人類歷史上第一個普遍運用紙鈔的社會。到了明朝，延續運用紙鈔，先是形成了紙鈔和銅錢並用的系統，後來又加入白銀，成為銅、銀、紙鈔三種貨幣同時通行的情況。

明朝中葉之後，銅錢出現了嚴重問題。國家鑄錢偷工減料，銅礦來源不穩定，加上家戶用具和鑄錢都搶奪銅作為原料，種種原因使得銅錢的品質極度不穩定，影響了一般人運用的意願，更鼓勵了盜鑄行為。銅錢的交易可信度不斷沉淪。

另一方面，紙鈔同樣在朝廷人謀不臧的條件下難以流通。最根本的問題是，發行紙鈔卻沒有充分的貨幣準備，那麼誰會願意拿金銀來換紙呢？而且朝廷自己發行的紙鈔，卻限定不是所有的地方都可以用，尤其是官府收租稅時，既不收紙鈔，也不收銅錢，一定要用白銀來繳交。這豈不等於政府自己都不信任紙鈔和銅錢的價值嗎？

白銀在明朝愈來愈重要，流通運用也愈來愈廣。中國自身有銀礦，不過這波以銀為貨幣的現象，主要卻是牽連到世界史的大變化。十五、十六世紀大航海時代，歐洲人發現「新大陸」，西班牙人登陸美洲，很快地消滅了原有的阿茲特克文化和馬雅文化，臣服了土著印地安人，更重要的，發現了大量的銀礦。於是大批白銀從美洲流向歐洲，再以國際貨幣的形式流入亞洲。

突然之間得到了這麼多貴重金屬，刺激歐洲的奢侈消費大幅成長，而最流行、最具有奢侈炫耀作用的貨品，首推無法在本土生產、必須遠渡重洋的舶來品。亞洲的絲織品、瓷器、香料在歐洲宮廷與貴族間大為風行，大量的白銀也就運到了亞洲去換取這些貨物。

歐洲有白銀，亞洲有歐洲上層社會渴望的奢侈品，於是白銀就源源流入亞洲。相對地，歐洲沒有什麼對亞洲社會具吸引力的商品，使得進入亞洲的白銀不容易再從交易中流回歐洲。總的效果就是亞洲——尤其是有絲織品、瓷器，又是香料集散航運點的中國——吸納了許多白銀。

元朝盛極一時的泉州，到明朝時期，其海運地位逐漸被兩個港口取代，一個是漳州，另一個是廈門。也在這個時候，臺灣被各方勢力看上，作為海運的停泊航站，這都是白銀刺激下東亞貿易規模持續擴張的相關現象。

07 百工專業化，無所不是商品

白銀不斷流入，讓中國這段時期貨幣充裕，才有條件在稅制上全面施行「一條鞭法」。[16]

「一條鞭法」其實並不新鮮，其內涵就是將各種不同形式的賦稅，如實物徵收的田賦、付出勞動時間的力役等等，都統合在一起，全都改由金錢計算，以金錢繳納。

多種形式的賦稅，不但很難綜合計算，更難公平互換，在國家行政上很麻煩、很難處理，必須要有強大的行政體系，還必須付出很大的工夫才能維持。因而各朝幾乎都有過試圖簡化的想法或計畫，尤其遇到戰亂，朝廷迫切需要資源，行政體系又無法正常運作時，更有高度動機在稅賦形式上化繁為簡。唐朝中葉從「租庸調」改成「兩稅法」，就是明顯的例子。

不過能整合到什麼程度，仍有許多條件限制。明代能在承平時期施行「一條鞭法」，靠的就是貨幣充足，可以將人民欠國家的都用錢來計算、繳納。如果不是貨幣供應充足，一到繳納期間，大家都要拿物資換錢，必然造成錢價上漲，也就是嚴重的通貨膨脹，那麼勢必影響經濟與商業活動。

因為白銀源源流入，貨幣供給不虞匱乏，「一條鞭法」可以長期地在廣大地區實施，於是又進一步推前了中國跨階層、跨行業的貨幣普及。大家都使用貨幣，生產之物皆有對應貨幣的價格，這是龐大、方便的商業交易基礎。

在如此的結構性變化中，明朝的商業運作大幅提升、發達，商人人數相應大幅增加，也就不意外了。雖然沒有明確數字，但綜合各項史料，明朝時全中國的商人應有百萬以上。

16 《明史．食貨志二》：「一條鞭法者，總括一州縣之賦役，量地計丁，丁糧畢輸於官。一歲之役，官為僉募。力差，則計其工食之費，量為增減；銀差，則計其交納之費，加以增耗。凡額辦、派辦、京庫歲需與存留、供億諸費，以及土貢方物，悉並為一條，皆計畝徵銀，折辦於官，故謂之一條鞭。立法頗為簡便。嘉靖間，數行數止，至萬曆九年乃盡行之。」

有一份史料是明神宗萬曆十年（一五八二年）順天府尹和戶部尚書的聯名上奏，檢討順天府宛平、大興兩縣的商稅，希望將一些小本經營的鋪行列入「免其納銀」的待遇。沈榜的《宛署雜記》中羅列出這些鋪行：

網邊行、針篦雜糧行、碾子行、炒鍋行、蒸作行、土鹼行、豆粉行、雜菜行、豆腐行、抄報行、賣筆行、荊筐行、柴草行、燒煤行、等秤行、泥罐行、裁縫行、刊字行、圖書行、打碑行、鼓吹行、抿刷行、骨簪箍圈行、毛繩行、淘洗行、箍桶行、泥塑行、媒人行、竹篩行、土工行。

看起來那時候的「雜糧店」是兼賣女紅用具的，廚房裡的用品則高度專門化，炒的歸炒的，蒸的歸蒸的。有字的圖書和報刊也很流行，可能還有專門幫人抄寫公家消息的。和葬禮有關的打碑與鼓吹並列，也許店鋪也會相鄰開設。有賣秤子的、做罐子的、賣刷子的、做毛繩的、綁木桶的，也有做女人頭上飾品的。

這一串單子最重要的意義，在於讓我們具體看到都市裡百工專業化的程度。這些商家買賣的不是什麼稀有、奢侈的東西，而是很常見的日用品，也就是過去家戶中一般會自己手工零星生產的。現在都變成了由工匠專業製造，成為商品，由此可以看出商品交易的範圍大為擴張，平常生活與商業之間的關係更形緊密。無所不是商品，生活中也就無處得以離開商品交易。

依據萬曆十年的統計，全順天府（北京）一共有三萬九千八百戶商家。從京師登記有案的就有近四萬商戶來推估，全國在百萬以上應屬合理。

08 「南都繁會圖卷」呈現的商業繁華

依照記載，明朝時北京的商業活動集中在前門、宣武門、崇文門這幾個地方。現在城沒有了，城門也沒有了，但地名還留了下來。北京崇文門、西單，還有前門一帶，一直都是重要的商業中心，這樣的特性可以往前追溯到明代。

明朝時北京還發展出了「常市」。除了各地的商店之外，有幾個地區是專業化的攤商集中處，每天都有同樣類型的買賣。這種「常市」中比較有名、有規模的，包括賣羊的、賣牛的、賣騾馬的、賣豬的、賣米的、賣皮帽的、賣珠寶的、賣柴炭的、賣鵝鴨的、賣鐵器的、賣花的、賣鋼瓦的、賣煤的、賣果子的、賣菜的……。最主要賣菜的「常市」所在就叫做「菜市口」，地名

「南都繁會圖卷」（局部），中國國家博物館藏

一直留到今天。

「常市」之外還有「廟市」，不是天天有，是固定間隔出現的買賣場。比「廟市」間隔更長的有「燈市」，那是每年一回的大市集，針對元宵燈會而來的，大約從正月初八到過完上元節的十七、十八日為止。

商業的繁華當然不限於北京一地。明朝留下了一種特殊的史料，稱為「圖卷」，或稱作「城市圖卷」。宋代有「清明上河圖」，那是記錄汴京的，明代則有類似的城市活動圖錄，幾乎主要的城市都有。

最有名的是「南都繁會圖卷」，和「清明上河圖」一樣是大長卷，其中鉅細靡遺地畫出了當時南京的街道景觀，細膩寫實。經仔細計數，畫面上出現了一千多人，當然人人有不同的面貌，在街上做不同的事。另外數得清清楚楚的，是圖上可以看到一百零九個店招，紀實顯示當時街上的店鋪行業。

圖上有油坊，有染布莊，也有一般的布莊，還有特別的「布店發兌」。這是什麼？這是在別的地方付錢買布，買得的不是實物，而是一張布票，拿著這張布票，可以到掛有「布店發兌」招牌的店家去換成布疋。布票可以換布，當然在店裡也可以將布或錢換成布票，再到別的地方，可能是連鎖的商號，或是有合作往來的商家去換布，如此就省下許多搬運的工夫。

另外有糧食豆穀行，也有賣鹽的，有賣碳的，有賣銅錫的，有賣「京式小刀」的，有賣「上細官窯名瓷」的，有賣漆盒的，有賣雨傘的，有賣梳子的。

一個招牌寫著「川廣雲貴德森字號」，特別標榜來自西南的地理淵源。另一個招牌寫著「畫脂杭粉名香宮皂」，是賣化妝品的，尤其凸顯有杭州來的粉，還有宮中的香皂。有賣弓箭和賣盔甲的，有賣花炮的，有賣帽子的，有賣鞋、賣靴子的。還有招牌上寫著「極品官帶」，這是賣高級衣帶的，尤其是給官場人正式服裝用的。

有「福廣海味發客」，這是餐廳，招牌菜是從福建、廣東運來的海鮮。有「西北兩口皮貨」、「東西兩洋貨物」，這是賣進口貨品的。有賣木頭的、賣雜貨的、賣生熟漆的、賣糖的、賣南北果品的、賣糕點的，還有錢莊、當鋪、銀鋪、書鋪、裱畫行、藥材店、茶莊、酒樓、澡堂等等。

特別一點的有「京人耍戲」，那是雜耍表演，標舉是從北京來的，屬於北路風格。也有卜卦、命相等行業。

09 城市：明代最新鮮、最漂亮的風景

像「南都繁會圖卷」這樣的畫面，不只寫實地記錄了一座城市的繁華，還從中透露出一種價值心態，表現出對於「繁華城市」這個現象、這個稱號的著迷。從宋代開端，到明代更加明確，原本居住在平靜、穩定農業環境中的人，一旦進入城市裡，立即被活絡忙碌的商業生活給驚嚇到，也給迷住了。圖錄正是反映、表現了這樣一種眼光和一種心情。

城市是最新鮮、最漂亮的風景。明朝的城市比宋朝的更大，同時也發展得更複雜、更豐富。因為政治性質而有繁華商業需要的，最主要的代表當然是北京。北京自身沒有重要的產業，卻因為明成祖遷都後是天子所在，聚集了大量的人口，提供了商業的需要與商業的大好機會。

宋代最繁華的汴京，這時候叫做「開封」，在明朝一方面是歷史名城，一方面又是性質奇特

的政治中心。朱元璋將這裡封給了他的兒子周王。周王是明成祖的同母兄弟，明成祖即位後，他的統治風格讓許多王公貴族感到不安，他們不想住在北京，也不想待在南京，就躲到開封來。開封因此成為一個貴族城市，發展出在明朝最壯觀的奢侈品市場。這是另外一種依附在政治上的商業城市。

還有一種是在手工業基礎上發展的城市。最有名的是蘇州和杭州，都有極其發達且穩固的絲織工業。明代楊循吉《吳邑志・吳邑城郭圖說》中有這麼一段話：

> 大率吳民不置田畝，而居貨招商，閶、闔之際，望如錦繡，豐筵華服，競侈相高而角利錙銖，不償所費。

這裡的人有了錢不會去買土地，而是拿去當本錢做買賣。街道上和居住的地方布置得極為豪華，生活過得很奢侈，但其實生意哪有那麼好做，往往能賺到的錢，比不上為了做生意所付出的奢華成本。

依照蘇州的地方史料估計，城中直接從事絲織品相關買賣的超過萬人，杭州應該也規模相當。絲織品吸引了周圍的原料供應和加工行業進入城市，當然也吸引了更多來自各地想買貨的人。這些人不只來自中國，甚至有遠從海外來的。

再一種是更純粹的商業城市，既不是政治中心，也沒有工業製造基礎，卻依靠水路交通條件，成為貨物集中交易之處。運河沿岸有臨清，長江沿岸有漢口。漢口不只臨長江，又有漢江可以通往鄉間產地，而且自成一條交通水系，所以鹽、茶、藥材、大宗糧食都聚集在漢口轉運，在此地買賣分銷也比在其他地方容易得多。

臨清之外，運河沿岸還有徐州、淮安；漢口之外，長江沿岸還有荊州、沙市，都是繁華的商業城市。甚至在北方，農牧交界的商業需求，也刺激誕生了長城內的宣化。

而南京則是規格最高的「三合一」城市，有政治、有工業，也有集散轉運的功能，齊聚於一地。

明成祖雖然將國都北遷，但南京不只是明朝最早定都之處，而且一直留著一個和北京規模相去不多的南方副朝廷。另外，南京本身發展出幾項重要的工業，例如和蘇、杭一樣，周圍有絲織品生產腹地；還有全國首屈一指的「龍江寶船廠」，是當時全中國最高造船技術的代表。

明成祖時「鄭和下西洋」所帶領的船隊，大部分的船隻就出自「龍江寶船廠」。鄭和下西洋前後七次，綿延二十八年，這段過程中造出了眾多大型船艦，花費不計其數，也就等於大筆公帑源源不斷地湧入南京的「龍江寶船廠」，創造了大量就業人口，更刺激了多少民生與工業消費！光是這樣的公共造船項目，就為南京刺激出驚人的商業活動。

明朝在北京和南京都設「國子監」，到後來，南京國子監在考試上的地位還要高於北京。因為南北發展差異，南方讀書人多過北方，南方士子的程度也高於北方，要入南京國子監難於進北京國子監。相應地，在南京發展出全國最繁榮先進的雕版印刷工業。南京印刷的「南監本」，成為明朝科舉制度中幾乎考生人人必備的課本，印量極大，流通甚廣。

在《江寧縣志》中有一段也羅列了南京的商業鋪行，一共列了一百零四種。其中當然有很多和北京的分類是重疊的，不過也會看到南京的地方特性，例如更多和織造、衣服有關的行業，更多和紙有關的行業，有專賣紙扇的、專賣經書的等等。也有特別和鐵、和鑄造有關的行業。

南京是在「三合一」因素組合、互動下所形成的商業城市，於是就構成了「資本主義萌芽」的明確焦點。

10 冶鐵、織造、造船，初步的工業化跡象

動用「資本主義」的歷史觀念，會產生和單純談「商業史」不同的重點，必須進一步考究生產規模與生產關係。

幾項行業在明代快速集中，如造船業在南京，織造業在蘇州、杭州、松江，棉業在嘉興、湖州，瓷器在著名的景德鎮，冶鐵在廣州和佛山。

廣東冶鐵業的發展有其特殊原因，和火藥的運用有關。廣東的鐵礦埋藏較深，不易開採，所以長時間還能一直存留著。而利用火藥爆炸產生的巨大力量，原先開採不了的鐵有了新時代的產量，刺激這一帶冶鐵業在交通方便的廣州、佛山集中成長。

集中產生的規模，主要靠發達的商業城市提供了良好條件。而經濟規模又吸引了大量相關的人力與技術，這在織造業上最為明顯。此時的蘇州、杭州出現了集中眾多散工的勞動力市場，每天早晨眾多工人在橋頭等待「招喚」，也就是日付零工的機會。

這裡我們看到的是初步的工業化跡象，擁有設備與技術的人，和提供勞動力的人分開了。工廠主人自己不再做工，或至少不承擔主要的勞動力，而是藉由設備與技術的優勢，以相對便宜的日付工資進行雇傭，也就是有產者與無產者的初級劃分。不過在沒有類似蒸汽機的生產力突破情況下，小型手工織造業不會徹底被淘汰，產業的集中也就有其限度。

更加依賴生產工具，有著生產工具壟斷性的，是造船和燒瓷。造大船要有船塢，而且牽涉多樣工種的整合。燒瓷則需要可以精密控制溫度的窯，才能提高良率，燒出細緻美麗、有高附加價值的瓷器。這兩個行業在明代和政治關係密切，比較接近國營事業的發展模式。

整體來說，明代的商業運作的確顯現了「資本化」的趨向，不過其領域、範圍並不是那麼廣，距離全面的「資本主義萌芽」還很遠。「資本主義萌芽」的概念因而只能適用於幾個點上。

比較確切發生的，毋寧是商業交易活動到達了空前活絡的地步。商業交易必定牽涉到一定的資金，但這些資金並沒有轉化為西方式的「資本」，也就是並沒有將資金運用在掌握並進一步壟斷生產工具上。「資本」控制了生產工具，才會使其他生產者淪為工人階級，和擁有資本的資產階級區隔開來。

資產階級和工人階級的形成，在明代都還看不到；相對比較清楚的，是商人階層在中國社會的崛起。他們不只在人數上比以前多得多，更重要的，他們擁有愈來愈明確的階層意識，重視自身的社會地位。他們很快地成功營塑了超越農人的身分價值，更進一步調整了他們和占據最高地位的士人之間的關係。藉由資助士人，或在家族中培養出士人、和士人混同，商人的影響力在這段時期中持續提升。

在此之前，「士」和「農」關係密切，出而仕於朝，退而耕農於家，這是原本中國士人的生涯模式，也和進則為儒家、退則為道家的二元生命哲學相配合。然而到了近世時期，尤其到了明代，商人和士人間有了新的互動。

過去，商人是異類，有自己的戶籍、自己的生活方式，看在士人眼中不僅是陌生的，而且是高度不安定的。然而從宋朝經過元朝、再到明朝，城市大為發達，商人在城市中取得了絕對的優勢，他們無所不在。很高比例的士人在官宦生涯中也都習慣了城市生活，對商業不再那麼陌生，也不會再那麼看不起。進而科舉考試愈來愈競爭，要考上需要多年的準備，也就需要家族財富的支持，於是商人家族轉而比農人家族更有機會培養出科考成功的子弟。

有推力、有拉力，商人和士人的結合，就成為明代極其突出的社會現象。

第九講

商幫的崛起

01 唐德剛的《晚清七十年》和《胡適雜憶》

唐德剛是一位很特別的史家，因為他雖然有學院的背景，卻很願意、也很擅長寫非學術性的歷史文章，結合了史學研究結果和自己的主觀感受抒發。很長一段時間，他以劉紹唐創辦並主編的《傳記文學》為主要的發表場域，吸引了許多的讀者。

唐德剛的《晚清七十年》就是從原本《傳記文學》上的專欄文章結集而成的。這本書有一個特別的觀點，貫串他看待、解釋晚清的各種事件，那就是為李鴻章辯護。唐德剛是安徽合肥人，而李鴻章是合肥出過最知名、最重要的歷史人物。《晚清七十年》書中最好和最糟的部分，都是在為李鴻章辯護。為了替李鴻章辯護，刺激唐德剛動用了雄辯滔滔的風格，文氣雄渾好看；但另一方面，有時又為了替李鴻章辯護，而寫出和史料有著很大差距的翻案。

例如他講甲午戰爭的黃海戰役，堅持從李鴻章到丁汝昌都沒有大錯，是時局的代罪羔羊。那就真的袒護太過，忽略並扭曲了從海軍建軍到管理與指揮，一連串荒唐的無知錯誤，這部分唐德剛的說法絕大部分是不可靠的。

稍早一點，唐德剛的成名作是《胡適雜憶》，也是先在《傳記文學》上連載的。這是一本奇書，來源是當年唐德剛在美國哥倫比亞大學攻讀博士時，認識了從駐美大使退下來、賦閒在家的胡適。唐德剛很為這時候的胡適抱屈，用「胡適把哥大當北大，哥大卻沒有將胡適當胡適」的名言來形容。

這段時期中，唐德剛為胡適做了口述歷史記錄，因為是哥倫比亞大學的計畫，所以是用英文寫的。劉紹唐希望能在《傳記文學》上發表這份記錄，就請唐德剛從英文翻譯回中文。唐德剛同意了，也就要寫一點文字來交代這份口述歷史的來龍去脈，本來打算作為《胡適口述自傳》的序言或附錄。

不料唐德剛寫起來一發不可收拾，愈寫愈長，從單篇文章變成「未完待續」，又變成在雜誌上連載，甚至成立欄目變成一個專欄！本來的序言或附錄，後來寫得和原書篇幅一樣長，當然就不可能放入《胡適口述自傳》中，而必須獨立成書。

《胡適雜憶》中恣意地表達了許多唐德剛的看法，很多都是他對胡適晚年情況的感嘆與惋惜。包括他親眼看到胡適將所有的知識精力都放在校注《水經注》上。當時年輕氣盛的唐德剛還真不能理解，曾有過如此影響力的胡適，怎麼會甘願埋首於「故紙堆」中，而且還選了「故紙堆」裡最冷僻的《水經注》？

剛剛說了，唐德剛寫「晚清」要特別為李鴻章辯護，因為是同鄉；唐德剛和胡適格外親近，其實也有同鄉的因素，胡適是安徽績溪人。然而唐德剛有所不知，《水經注》這本書在安徽的地理與知識傳統上有著特殊的地位，直接聯繫到胡適的學術背景。胡適絕對不是晚年閒來無事，隨便找《水經注》來消磨精力的。

02 地圖、算學，減少經商困擾的實用工具

在胡適之前，《水經注》在清代最重要的校注者是戴震。戴震也是安徽人，而他費力校注《水經注》的其中一個動機，就是來自「徽商」的傳統。《水經注》是北魏酈道元了不起的成就，將中國主要的水道和水系做了一番整理，統合自然地理與人文典故，一直到明朝，從提供有效地理指引上看，都沒有被超越。

不過酈道元最大的遺憾就是在中國南北分立的環境中寫作，一生沒有機會涉足南方。所以北方水系他有很多親身踏查的經驗，相對地，南方水系就只能依賴勤勞蒐集來的大量文字資料。

戴震校注《水經注》，不完全是出於歷史上的興趣，而是要將不同版本查對後，盡可能做出一個最詳盡準確的底本，以便讓人拿去對照當下現實的地理，能夠進行下一步的現地查勘。

記錄所有的水道、水系，對酈道元而言可能是出於強烈的知識好奇心與使命感，但對明、清兩朝的徽商來說，卻是他們外出行遊、做生意，以及安排貨運的命脈所繫。此時南方發達的水運是他們經商的基本條件，他們需要掌握完整、確切的地理資訊，得到一部可信賴的《水經注》大有幫助。

在地理學貢獻上，安徽出過黃汴，他編撰了一部《一統路程圖記》，在明穆宗隆慶四年（一五七〇年）刊刻出版，裡面收錄了北京、南京到十三省的水陸路程圖。[17]他在序言中說：

余家徽郡，萬山之中，不通行旅，不諳圖籍，土狹人稠，業多為商。汴弱冠隨父兄自洪都至長沙，覽洞庭之勝，泛大江，溯淮揚，薄戾燕都。是年，河冰徹底，乃就陸行，自兗至徐，歸心迫切，前路渺茫，苦於詢問，乃惕然興感，恐天下之人如余之厄於歧路者多也。後僑居吳會，與二京十三省暨邊方商賈貿易，得程圖數家。於是窮其聞見，考其異同，反復校勘，積二十七年始成帙，分成八卷。

17 可參考〔明〕黃汴，《一統路程圖記》（南京：南京出版社，二〇一九年）。該書簡介云：「全書輯錄彙集路引較為齊全，共一四四條，記述水馬驛站、行程里距、各地道路起訖分合較為詳細。山川險夷、物產出處、行程風險、水旱碼頭、牙儈好壞、門攤課稅、名勝古蹟，乃至轎夫船戶是否可靠，沿途食宿是否整潔等商旅須知，皆有所記。」

徽州人很多在外從商，他也是年輕時就跟隨家人到了長沙，看過洞庭湖，轉往長江，往下到了淮陽地區，再往北到北京一帶。然後又轉陸路，經過兗州到徐州。這時候想回家了，卻不知該怎麼走，費了很大力氣問不出明確答案，於是有了一個推己及人的想法：應該有很多人同樣會遇到在路上困住、不知該走哪條路才能到達目的地的情況吧！

之後他的商業活動以蘇州為基地，遇到了從北京、南京及全國各省來的商人，找到好幾個不同版本的地圖，認真比對校勘，花了二十七年時間，才終於完成了這樣一套地理圖籍。

這段話表明了這本書的性質，希望做一本盡可能符合實際狀況的全國水陸交通地圖集，涵蓋廣大範圍，讓出門在外的人得以查考，避免迷路時不知如何尋路。會有這樣的用心，願意花費二十七年時間在這上面，主要還是因為他的徽商身分，這是他們可以帶在行旅途中，減少經商困擾的實用工具。

黃汴的地圖集，不過是圍繞著徽商所產生的知識中的一環。到了明朝末年，出現了《商賈便覽》，現存最早版本是清乾隆年間刻印的，不過其中大部分內容可以推源到明末的版本。《商賈便覽》開篇收錄《江湖必讀》、《續江湖必讀》，從天文講起，例如說明如何在夜晚實際觀察天象辨別方向，然後聯繫到地理，有「全國通商所經里程道路」，也就是從這裡到那裡該走哪條路，大約多遠的距離。

再來列出各地的風俗、方言、物產、算法、書信契約等等，挑選出不同的地域做介紹。這是因應商業交易考量，專注在商業習慣與商業道德，還附了一個篇章講「杜騙」，描述在不同地方有不一樣的騙子、不一樣的詐騙手法，該如何提高警覺。

和商業活動關係密切，因而也有著特別發展的知識是算學，尤其是算術的應用。這方面徽商也有突出表現，其算學傳統中的重要著作是明代程大位的《算法統宗》。書中有題目、有例證，有趣的是題目和例證幾乎都取材自生意的各個不同部門。

例如一個簡單的題目：有元、亨、利、貞四個人合本經營，元出二十兩，亨出三十兩，利出四十兩，貞出五十兩，合計一百四十兩，做了一年生意下來，到年底共獲利七十兩，這筆利潤該如何分配？

這算術大家都會算。不過值得注意的是，題目中假設一百四十兩的資本，一年就可得到半個資本額的利潤，顯見當時商業貿易的預期獲利應該相當高。

也有比較難的題目：同樣是四個人合夥做生意，趙一在甲子年正月初九出了三十兩，錢二在乙丑年四月十五號出五十兩，孫三在丙寅年八月十八號出七十兩，李四在丁卯年十月二十七號出九十兩，四個人一共出了兩百四十兩，到了戊辰年年終結束的時候，一共獲利一百二十兩，請問這四個人各自應該分到多少錢？

這就要費力計算了吧！不只要仔細計算日數，還要考慮兩個股東、三個股東到四個股東的比例分配。會出這樣的題目，又告訴我們當時做生意在資本募集上已經有了很詳細複雜的安排。

這樣一套知識持續發展，變得愈來愈詳密、愈來愈講究，才會到了清朝出現戴震校注《水經注》的大工程。校注《水經注》背後，是高度發達的全國商旅活動。

03 安居「里甲」，朱元璋想像的天下秩序

不過如果創建明朝的朱元璋能夠在黃汴或戴震的時代復活，親眼見到這樣發達的商旅活動，他應該會氣得吹鬍子瞪眼睛吧！因為這絕對不是他當年想要建立的一個帝國。

前面提到，朱元璋曾經注釋過《老子道德經》，是他親筆寫的，而且十天之內就完成了，因為他對於老子的政治理想有著強烈的認同感觸。老子追求的是小國寡民，雞犬之聲相聞，人民卻老死不相往來。這方面，朱元璋是老子真正的信徒。

朱元璋持續作戰，建立了一個朝代，統治了當時所知道的「天下」，可是他心底嚮往的卻不是龐大的帝國組織，毋寧期待將天下分成一小塊一小塊的自給自足單位。他認為這樣才是最好的統治形態。

在這種思考下，他強調地實施「里甲制」，以「里甲」為社會政治的核心，也就是一個寡民小國的單位。「里」中有「里長」，是由里裡面最有錢、最有影響力的人輪流擔任，選出十個人每一年輪一個，十年後再輪一次。[18]里長任期只有一年，保證每個人來做，都做不了什麼大事，也就不會有需要擾民去實現的野心。

依照朱元璋的計算，一個人一生合理的活動區域，大約是二十里見方。二十里等於今天的十二公里左右，現在搭個捷運，從起站到終站，就超過朱元璋認定的合理範圍了。

朱元璋還規定，天下之人除了官吏、軍隊等有特殊身分與需求之外，都應該遵守不遠行的禁令，要離開居處去到距離八十里以上的地方，就必須申請許可。如果違背了，走太遠卻沒有核准的路條，那麼輕則杖、重則流，甚至可能被砍頭的。

朱元璋想像的天下秩序，是大家都安居固定在里甲制度中，不隨便出門。出門八十里就必須報備、受管制，他一定無法想像他離開人世後的明朝卻變成那樣的環境。

他無法想像，我們在歷史上卻可以解釋。第一，不論朱元璋喜不喜歡，明朝就是在元朝的基

18 《明史．食貨志一》記載：「洪武十四年詔天下編賦役黃冊，以一百十戶為一里，推丁糧多者十戶為長，餘百戶為十甲，甲凡十人。歲役里長一人，甲首一人，董一里一甲之事。先後以丁糧多寡為序，凡十年一週，曰排年。」

礎上建立起來的，游牧民族所著重的，是朱元璋僻處鳳陽看不到、也沒辦法了解的交通便捷條件。第二，朱元璋建立里甲制，要用一套人為的規劃，整整齊齊地罩到現實上，其實反而製造了反效果。因為中國到這時候已經大到不可能符合如此簡單劃一的模式了。

04 明代眾多人口隱匿到哪裡去了？

看一下明朝的人口統計。明朝成立後第一次公布人口數字是在洪武十四年（一三八一年），里甲制大致建立完成，登記、計算人口共約五千九百八十七萬。十二年後，洪武二十六年，再計算一次，數字呈上去，皇帝看了很不高興。因為統計出來的數字是五千七百多萬，意味著人口不增反減。在中國傳統政治價值觀裡，人口成長是最基本、也最重要的正面肯定，表示天下安定富庶，那怎麼會明朝建立後人口反而減少？豈不是等於打了帝國一個耳光，表示這些年來的統治失敗了？

人口又直接牽連到稅收，這同時表示帝國中的納稅基礎縮小了，朝廷收入必然減少，政府也變窮了。怎麼會這樣?皇帝不接受,退回去,重算之後再報上來,說是有三百萬漏算了,所以正確數字應該是六千零五十四萬。何炳棣以史料抽樣重估,認為當時中國的人口實際上應該超過了七千萬。

很明顯地,明朝從建立之初,其人口數就超過戶籍上所登記的。更奇特的是,在此之後百年間,明朝官方的人口統計數字一直在五千一百萬到六千兩百萬間上下,沒有明確的增長。

明朝初年相對承平,經濟快速成長,照理說人口必定會大量增加。從地方史料抽樣推算,若以洪武年間的統計為基數,到萬曆年間應該超過九千萬了,也就是官方數字和實際數字間可能有高達三千萬,即超過三成的差距。這些人口都到哪裡去了?為什麼沒有顯現在官方記錄上?

如果是在中古時期,那可以合理推論,應該是有「大戶包蔭」,人民依附到貴族莊園裡去了,因而朝廷找不到,也抽不到他們的稅。但自宋朝之後,這種貴族大戶早就消失了,能隱匿人口的空間很小。

明代眾多人口隱匿到了兩個漏洞中。第一個是「匠籍」:

其所為豪匠冒合者,蘇松人匠,叢聚兩京。鄉里之逃避糧差者,往往攜其家眷,相依同住。或創造房居,或開張鋪店,冒作義男女婿,代與領牌上工。在南京者應天府不知其名,在北京者順天府亦無其籍粉壁題監局之名。木牌稱高手之作,一戶當匠,而冒合數戶者有之。一人上工，而隱蔽數人者有之。兵馬司不敢問，左右鄰不復疑，由是豪匠之生計日盛而南畝之農民日以衰矣。（《皇明經世文編．卷二十二》）

意思是，有錢人帶著自己的家族，和有技能的工匠一起遷居到北京或南京。朱元璋設計的里甲制雖然嚴格，卻無法在城市中施行，於是受不了里甲制嚴格管控的人，尤其是有錢人，就搬到城市裡。城市裡的管理辦法是規定要有「匠籍」，所以有錢人就去找蘇州、松江等地的匠人，讓他們去登記「匠籍」，然後假冒是他們的親戚。如此一來，一個工匠後面就隱藏了一大戶人家，甚至好幾戶人家。

「兩京」其實只是代表性的說法，許多大城市快速發展，都提供了這種逃戶的環境，於是有辦法的人更願意遷到城市裡。城市更加富庶，有錢人又可以逃稅，相對地留在鄉下的農家負擔更重，就更不想留在那裡了。

第二個漏洞，也是里甲制管不到的人，那就是商人，必須離家去做生意的人。這些人不會固定居留一地，里甲制建立後，他們更怕被限制不能旅行，就想辦法不要登記在國家戶口中，保有從商行動的自由。久而久之，國家也找不到這些人，而他們財富愈多，也就愈有條件住在都市裡，進一步貢獻城市繁華、擴張城市範圍。

弔詭的是，明代城市為什麼進一步發達，而且商業活動如此繁榮？一部分理由正來自朱元璋不切實際的「小國寡民」統治夢想。他想像將所有的人都綁在農業土地上，認為城市、商業不重要，他就不曾、也無能去規劃城市、管理商業。結果里甲制愈嚴格，城市與商業的自由就愈吸引人。要規避國家稅賦與管制一點都不難，就將自己轉型為各種「匠戶」，搬到城市裡去住；或是轉行當商人，離開鄉閭也住到城市裡。

05 可以左右一座城市榮枯的商幫

明萬曆年間安徽歙縣的《歙志》序言中就說：

今之所謂都會者，則大之為兩京、江、浙、閩、廣諸省；次之而蘇、松、淮、揚諸府，臨清、濟寧諸州，儀真、蕪湖諸縣，瓜州、景德諸鎮。……故邑之賈，豈惟如上所稱大都會者皆有之，即山陬海壖、孤村僻壤，亦不無吾邑之人，但云大賈則必據都會耳。

這是要解釋為什麼歙縣的方志很難寫，因為歙縣最厲害、最了不起的人物，必然要寫入方志的，偏偏大部分都不在地方上。他們去了大城市，尤其是有大生意可以做的那些城市，從北京、南京，到江蘇、浙江、福建、廣東的省會，一直到專門生產買賣瓷器的景德鎮，都是歙縣商人出沒發展的地方。

表面上抱怨因此地方志難修，但口氣上明顯是自豪的。而且點出了明朝都市和商業之間的密切關係，以及商人的專業化現象。各處的商人有著共同的來歷，商人不再是零星行走的，而是依照來源形成了互相協助、彼此保護的集體力量。

中國的城市早期在功能上是「城」重於「市」，到了近世之後，「市」的功能不斷上升，改變了許多原本以防衛及政治為中心而存在的城，轉化為具備高度商業機能的「城市」。以至於宋代之後，光是有城牆，光是有政府機構設置在其中，雖然形成了聚落，但如果缺乏商業機能，這樣的城無法納入商業網絡系統中。不只是人口無法成長、財富無法增加，而且稍有變數作用，往往很快就沒落了。

這是近世一貫長遠的發展，不過從宋朝到明朝，又有著根本的差異。首先，宋代商人在城市中縱然有行會，但集體的力量沒有那麼大。明朝不只是有了更多的商人，更重要的，他們大部分是有組織的，也就是結成了各種「商幫」。

不同的文獻有不同的說法，有「五大商幫」或「十大商幫」等等。[19] 到明代中葉之後，這些可以被列入「五大」、「十大」的商幫是真的很大，大到他們甚至可以左右一座城市的榮枯。這些商幫以大城市為中心，如果選擇了一個較小的城鎮為其生意網絡中的連結據點，就可以依憑其商業活動帶來的利益與力量，短時間內讓這個城鎮改頭換面。相反地，若是有什麼原因使得他們集體撤離這個城鎮，也可以帶來短時間衰頹的明顯作用。

其次，宋代的許多城市基本上扮演的是區域整合的角色，附近的貨品買賣活動仍集中到城市裡來進行，從固定、有規模的市集發展為商業城市。明代在這條件之上，最重要的是城與城之間形成了纏結的網絡，主要就是由這些商幫穿梭其間去聯合起來的。

這些商幫不會固定停留在一個城市裡做生意。他們有本事、有基礎，還有強大的擴張動機。能否成為「幫」，能否擺脫小買賣賺辛苦錢，升級成日進斗金的情況，得靠長途貿易的影響力，那就需要在許多地方建立據點。於是商幫所形成的據點，也是城市的主要核心活力來源。

19 「十大商幫」為山西商幫、徽州商幫、陝西商幫、寧波商幫、洞庭商幫、廣東商幫、福建商幫、江右商幫、山東商幫、龍游商幫。其中以徽商和晉商實力最為雄厚。「五大商幫」則為晉商、徽商、蘇商、浙商與粵商。

06「開中制」運糧換鹽，晉商藉以坐大

湖南長沙不算是頂級的商業城市，但在一五五〇年（明世宗嘉靖二十九年）左右，資料顯示，長沙一地就聚集了二京十三省的商幫在此地設立會館。長沙的商業活動基本上環繞著這些會館進行，也在這裡聚集了最主要的財富。

二京十三省有會館，但建立在長沙的卻不只十五所會館。有的省甚至有超過一個以上的會館，像是浙江又分出「江右會館」，江蘇另有「蘇北會館」等等。商幫明顯以地域區分，有會館的城市提供來自該地商人方便的交通居住協助，更重要的，提供交易合作的關係網絡。

商幫的起源地，通常是地形不便或地狹人稠，農業發展很早就受到天然條件限制而到頭了，所以逼著人口外移。徽州、山西、寧波，或是在明代一度很有名的「龍游」，這是在浙江西部，大致都是如此的地理情況。另外還需要的是交通條件上有相對方便通向外面的道路。徽商主要靠著一條新安江，將他們從家鄉帶出來，進入江南地區。家鄉地形零碎，務農事倍功半，於是許多人從新安江上路，通到祁門，就進入很不一樣的廣大領域。

這些地方和這些人，本來是朱元璋進行統治想像、設計他的統治方式時，最為弱勢與不利的

一群人，缺乏可以自給自足、安居不動的農業資源，後來他們卻成為明朝最活躍並得到最大利益的團體。

當然，大商幫的崛起通常有其特殊的歷史機緣。例如山西晉商雖然發源於宋代，但如果忽略明朝開國後的「開中制」政策，就無法理解他們為何能變得如此龐大、如此有力量。

「開中制」是為了防邊而設計的制度。朱元璋將國都設在南京，明成祖卻大費周章地改遷到北京，就是因為不放心被打敗趕走的蒙古人。北方戍防極其不易，最大的問題在於北方農業生產甚至不足以養活當地居民，必須仰賴南糧北運的補給支應，那就當然不可能有「餘糧」可以送到戍邊的前線。那是完全不適合農業、不可能靠自身生產來支持的地區。

蒙古崛起之後，金朝邊境防務吃緊，無法從南方得到更多的糧食，更無法處理漫長的運輸路線，因而拖垮了政權。元朝領有南方，仍然為了要防範、圈圍北方的其他部落，而幾乎拖垮了國家的財政。明朝不可能從北方撤軍，必須想辦法面對這個問題。

想出來的辦法是在邊戍之地開穀倉，誰將糧食現物送到這裡的穀倉來繳納，就可以依照繳納的數量換取一張「鹽引」。拿到了「鹽引」，可以到江淮產鹽地帶的官方鹽場去領鹽。這是個聰明的辦法，主要將穀和鹽牽連在一起，得以將製鹽的利益轉為刺激糧食北運的動機。全國各地都需要鹽，鹽卻只在海邊及少數有岩鹽的地方生產，所以將鹽運送到別處，能夠得到很高的利潤。有本事長程運鹽的人，也就有條件可以將糧食運到邊境上，而且這些人習慣從運輸商賣中牟利，對於能換取「鹽引」自然會動心。

這樣的設計在明朝初年相當成功。邊境上所設的糧倉多半在山西境內，所以運糧換引，交易穀類和鹽引，最方便就是透過當地山西人。有了山西人代辦，商人們就不必自己千里跋涉，只要出錢訂約即可。如此也誘引了山西人要培養出可被信賴的商業聲譽，做個稱職可靠的中間手，可以帶來龐大的商機與利益。

本來代為處理在地事務的山西人，逐漸在「開中制」裡被拉進江南的米鹽交易中，於是將活動的範圍擴展到了全國，形成了全國知名、幾乎無所不在的大商幫。

07 「折色」靠關說，與商幫興起四步驟

「開中制」實施一百多年後，修訂為「折色法」。「折色」指的是應繳納的食糧穀物，可以改成銀錢。將銀或錢交進去，朝廷可以到別的地方去買食物，不必然要全程運送某地的食糧到邊境去。「折色」繳納的銀錢一樣可以換「鹽引」，因而就等於可以用銀錢去買「鹽引」，實質上

產生的作用也等於是開放官鹽買賣。

從「開中」到「折色」，其中一項背景是北方戍邊的壓力降低了，不必每年張羅那麼多的食糧運送過去。另一項因素則是「開中制」使得晉商坐大，此時他們的勢力已足夠阻擋其他地方的人介入運糧換鹽的事業。於是其他地方的商人便去向朝廷關說，想用這種方式削弱晉商的壟斷與影響。

去積極關說運作的是徽商。他們目睹晉商靠著「開中制」換來「鹽引」的機會，將勢力往江淮地帶拓展，感受到極大的威脅。徽商原本的商業領域中能帶來極大利潤的，就是買賣、運送官鹽或私鹽，現在這塊領域多了晉商爭奪，相對地「開中制」運糧換鹽的好處卻被晉商壟斷阻攔，自己無從介入分潤。

從「開中」變為「折色」，明確顯現明朝的朝政受到商幫高度影響。徽商能從朝廷下手，侵奪晉商的利益，靠的是他們已經形成了「士商家族」的新統合型態。將讀書人和生意人放入同一個家族中，家族裡會念書的就專心準備考試、走科場道路，其他子弟則學習生意、認真做買賣，於是產生了「合則兩利」的效果。買賣累積的資財，保障讀書人準備考試的生活所需，而讀書人得到的官職權力，可以用來保障商人的社會地位與生意空間。

宋代有書院，明代也有書院，然而兩朝書院分布的地區不太一樣。明清「天下書院最盛者，無過東林、江右、關中、徽州」（《徽州府志》），這四個地方都是商幫高度活躍的根據地；商幫勢力最大的徽州，同時也是書院最多的集中處。

商幫的興起，第一步驟是靠著自身的特產條件，例如徽州有木材、有松煙製墨，寧波是絲織品中心，成為特產的聚集交易之地。下一個步驟的關鍵在於擁有足夠的交通條件，包括硬體的道路、船隻，以及軟體——願意離家的意志以及對於路程地貌的認識——的強化，可以將特產運送到更廣遠的地區。

遠途貿易剛開始的動機是消化當地特產，進而刺激更多的生產，然而開拓到一定程度，遠方的據點就需要成立「商會」予以組織化，提供方便與保護，這是第三步驟。在中國社會組織的原則下，「商會」幾乎毫無例外都是先從親族系統衍生出來的，由核心親族擴展到姻親旁支，再到變成地緣性的，然後又不斷擴大所包納的地緣區域。

所以到後來，就形成了晉商、徽商、江右商人等大集團，在商業上毋須單打獨鬥，而是團結起來打組織戰。各地「會館」進一步形成網絡，於是就不只運送、交易家鄉特產，逐漸地這樣的網絡擺脫了原先的功能，有效地「中立化」了，意思是可以買賣任何東西，並且取得網絡所創造出的規模經濟。

網絡最大的好處在於遠地交易有保障。此處訂貨、彼處交貨，這裡收款、那邊付款，都可以在網絡中進行，提供了空前的便利環境。於是再有第四步驟的升級——擁有自己的金融能力，交易貨物的同時也成立票號、錢莊，進行金融貨幣的交易。如果成功了，就是最高級、多方創富的大商幫。

龍游、江右都是明朝中葉知名的商幫，但他們的發展停留在第三個步驟，沒能接續升級到第四個階段。他們無法建立起自身的金融體系，因而很快就不再能和晉商、徽商平起平坐、齊頭競爭了。

08 徽商的主張：「士商異術而同志」

商幫內部組織做得最成功的是晉商，他們發展出很有名的「夥計制」。「夥計」不是你在店裡指使的人，而是選定了將來可以合夥的人，先在店裡見習試驗，等到時機成熟了，就以合作分帳的方式，讓他去幫忙拓展生意。多一個「夥計」，店號就多一分擴張的力量。

晉商還有類似今天連鎖加盟的「聯號制」，等於是「夥計制」的進一步發展。找了一位夥計，成功開設了一間分號，那麼原來的就是母店，多增的是一家子店。待這家子店站穩了，又可以去找夥計，再分出下一層的子店。晉商中的大商號，有到十幾層結構的，而這十幾層可能含括上百家店，都是從一家母店衍生出來的，也就都在同一個「聯號」系統裡。

「聯號制」得以吸納更多的人才和關係，不過基本上仍然維持地方出身條件，能進來獲得地位的，都是山西人。店裡有學徒，學徒該學什麼、要學多久，也逐漸有了規範。然後店裡有「股份」，今天「股份公司」這名稱就是從傳統晉商那裡沿襲下來的。晉商講的「股份」就已經分為「銀股」和「身股」，有人是出錢占股份，有人則是靠本事得到「技術股」的。

回頭我們就明白了，為什麼算術書裡題目那麼難。因為「股份制」已經發展到很高的層次，「股份」的構成多元化，相應地，依照「股份」來分配利潤或再投資的計算也就愈來愈複雜。

不過在一件事上，晉商比不上徽商和寧波商人，那就是連結士人。徽商到了清朝逐漸凌駕晉商，成為最大的商幫，和這件事有著最密切的關係——徽商從根本上改變了商人的定義，也就是改變了中國社會中認定什麼是商人的意義。

這裡有個關鍵的淵源——朱熹，他是徽州婺源人，使得徽商有了晉商所沒有的士人祖師爺。一直到今天，徽商的會館一定掛上「朱子格言」，他們用朱子對於家族關係的種種教訓來安排生意。更重要的，因為有朱子這位祖師爺，徽商格外講究天理、人欲等抽象道理，有其從內在修養滋長出來的外在可靠形象。

徽商在明朝有幾項重大貢獻。第一，他們明確提出了「士商異術而同志」[20]的主張，並落實在他們的思想與行事上。傳統上「士」和「農」是同源比肩的，「商」被視為末流。但在徽商的自我期許中，拉近了「士」和「商」的關係，而且明確地是以將「士」的行為準則來提升「商」的方式進行的。

「士」的志向、志願在於「為政」，要治國，要藉由治國來造福民生。清代吳吉祜《豐南志》中有這麼一句當時的名言，說：「余每笑儒者齷齪，不善治生，一旦握符，莫如縱横。」儒生只會讀書，完全沒有現實處事經驗，怎麼能夠善用權力？有了權力、有了地位，他們的表現相對地一定不如那些學「縱横之術」的人。

要如何在政事上有所準備，得到長進？不可能靠著在田裡耕種吧！應該要「習儒旁通於賈，異日為政，計然桑孔之籌，豈顧問哉？」（《豐南志》）一邊讀書一邊做生意，等到有機會從政，對於現實的事務早就熟悉了，如計然、桑弘羊、孔僅對國家財政的籌謀，不會生疏，更不需要問別人、依賴別人。

在為政上，做商人因為嫻熟商業，對士人的養成有很大的幫助。張浚等修纂的《張氏統宗世譜・毅齋翁傳》中則從相反方向說：

20　該句出自明人王獻芝在〈弘號南山行狀〉中論及徽州休寧商人汪弘：「空同子（即李夢陽）曰：士商異術而同志。以雍行之藝，而崇士君子之行，又奚必于縫章而後為士也。」收錄於《汪氏統宗譜》。

少習進士業，從學於先鄉進士方君直門下，授《春秋》三傳，領會奥旨。逮壯，屢試主司，弗克展底蘊。尋業商，時或值大利害事，每引經義自斷，受益於聖賢心法最多。

文中談到張光祖是成功的商人，但成長過程中先是讀書準備考試，特別熟讀《春秋》三傳。等到考途不順利，轉而從商，遇到有重大利害需要決斷時，他就憑藉少時學的《春秋》知識作為指引，從中得到最大、最有效的助益。

所以換一個角度看，讀書也可以幫助商人更能洞視道理、更會做生意。政事上的決斷和商業上的決斷基本上可以互通的。

09 資本流入「烏紗帽」和「紅繡鞋」

徽商的另一個貢獻是建立了門風的價值觀。他們強調貧窮是罪惡，一個人讓自己的父母貧窮、家庭貧窮，卻沒有辦法或不想辦法，那是大罪過。如果不能讀書求取功名、光宗耀祖，那就去做生意，改善父母、家庭的生活。

最理想的安排是家族中有人讀書，也有人做生意。如果子弟都讀書，無法保證其中一定有能夠在科考中出人頭地的，那很有可能弄到父母老病都缺乏照顧，遑論老來得以休息享受了。如果子弟都去做生意那也不行，弄得家族鄙陋沒有文化，在社會上得不到地位，會被人看不起。

徽商中有方勉生，父親在中州做生意不在家，哥哥方勉季讀書考得了生員資格，要進一步求取功名，做弟弟的就想：哥哥以儒學成就光耀門楣，這是「孝」的實踐，那我就該代替哥哥負起繼承家業的責任，盡到「悌」的原則。於是就奮起離家，到中州去找父親了。

哥哥要讀書，所以弟弟就該去做生意來支持哥哥，這被視為家族內部理所當然的倫理行為。他們強調商人的行為準則與儒生沒有兩樣，同樣要行忠信，才能得到別人信任，順利交易。賺了錢也一定要維持勤儉，不然再多的財富也留不住、累積不起來。

顧炎武寫《肇域志．徽州府》時特別說：

新都勤儉甲天下，故富亦甲天下。……徽人四民咸樸茂，其起家以資雄閭里，非數十百萬不稱富也，有自來矣。

「新都」指新安，也就是徽州。徽州人有錢，卻很勤儉，不會因為有錢就奢侈享受，更不會懶惰。正因為又勤又儉，賺了錢不會花掉、不斷累積，所以在徽州有錢的標準和其他地方不一樣，是別的地方好幾倍高。

將賺來的錢省著不花掉，這樣的行為很像馬克斯·韋伯（Max Weber, 1864-1920）描述「新教倫理」在西方的作用，促成了資本累積。[21]「新教」當中的喀爾文教派主張「預選說」，認為上帝早就選好了誰能上天堂得永福，而為了證明自己是「預選」中的「選民」，這些信徒就努力在俗世生活中表現出符合嚴格教義的行為——勤勞不怠惰，奉己不浪費。勤勞使得他們能賺錢，但如果賺到了錢就花天酒地享受，那就顯現自己不是「選民」，毋寧是上帝用來當作人間錯誤示範的對象，於是必須節制，更勤勞地善用賺來的錢，如此形成了原始的資本累積。

明朝的徽商在「士商合一」的新潮流中，也產生了類似的價值觀。這的確是資本主義得以「萌芽」的重要力量。不過這樣的資本累積有其限度。凌濛初編著的《二刻拍案驚奇》小說裡，有一段評論徽州人的話，說他們有怪癖，吝嗇且不隨便花錢，但在兩件事上卻可以將大把大把銀兩流水般送出去，一是頭頂上的「烏紗帽」，另一是腳下的「紅繡鞋」。

徽商賺了錢，仍然不可能改變傳統的觀念，一定要將相當大一部分的財富轉變為土地，取得地主的身分。而一旦資本放入土地中，這部分的錢就不再流動了。

其次他們在意要用財富換來「烏紗帽」，也就是官僚體系中的地位與權力。除了培養家族子弟參加科考之外，還有更直接、更有把握的做法，就是「捐輸」和「捐納」。「捐輸」是國家有特別的需求，也許是打仗，也許是賑濟，半強迫地徵用財產，要有錢人交錢來換官位。商人首當其衝，不可能拒絕。徽商在歷史上受到最大打擊、近乎一蹶不振的，就是清朝遇到太平天國變亂，朝廷無錢也無兵可以平亂，只好讓曾國藩調度地方的人力財力去應對，在過程中，徽商長期累積的財富被徵納了一大部分。

另外，他們平常也心甘情願送錢給朝廷換取功名，那就是「捐納」。「捐納」實質上是買官，是商人的政治投資。面對晉商靠著「開中制」迅速創富，如果在朝中沒有一定的勢力，徽商也不可能藉由「折色法」逆轉商機，從此他們一直很重視這方面的經營。

但如此一來，「捐輸」或「捐納」的錢，也和買土地的錢一樣，離開了商業領域，無法持續累積。

那「紅繡鞋」又是什麼？狹義地說，指的是高級妓院，裡面的妓女都嚴格裹小腳，穿著誘人的高級繡鞋。如果廣義地看，「紅繡鞋」代表都市裡的奢侈性消費。不管在義理上、在教訓上如何強調節儉，明代高度發展的城市娛樂生活，畢竟形成了很難抗拒的誘惑。第一代起家的商人或許能抗拒，第二代謹記父兄教誨的商人或許能抗拒，到第三代就不可能了。

21 可參考〔德〕馬克斯·韋伯著，康樂、簡惠美譯，《基督新教倫理與資本主義精神》（臺北：遠流，二〇〇七年）。

於是又有大批資金投入城市的奢侈生活，也不再放回商業資本循環累積了。

徽商持續擴張的力量最大、擴張的時間最長，因而他們擴張的層級和網絡都比別人來得複雜。從現實交易升高到金融運作，再升高到有意識的主觀價值追求。不過即使是這樣的大商幫，都還是無法讓明朝的「資本主義萌芽」現象變成真正的「資本主義」。在資本規模和資本結構上，存在著根本的、無法突破的限制。

我們看不到西方式的「資本主義」在中國出現，不過我們清楚看到了活躍的商業貿易，創造了中國近世後期很獨特的繁榮城市，也帶來了很不一樣的社會風氣與社會組織變化。

第十講

雅俗之間的文化活力

01 大量製造廉價書的供應中心出現

靠著經濟、商業上的繁榮條件，明代在過去明確區隔的「雅」與「俗」之間，開拓了一個新的領域，產生了特別的文化表現。

首先是印刷術在規模上和印製的書籍內容上，都有更進一步的發展。這時出現了幾個新的中心，一是杭州，還有揚州和福建的建陽。最值得注意的是福建建陽。三個印書中心，依品質看，杭州印的最精良，建陽印的最粗糙。然而論數量上，卻是建陽遙遙領先另外兩個地方。換句話說，建陽是大量製造廉價書的供應中心。

建陽憑什麼成為新的印刷中心呢？首先憑藉的是這個時代在造紙技術上的突破。號稱明代「實學四書」[22]之一的《天工開物》，其中有兩幅圖，一幅標題是「斬竹漂塘」，另一幅是「蕩料入簾」。[23]這告訴我們，明代造紙的主要原料是竹子。將竹子砍下來之後，要先在水中泡軟，再拿去煮，將煮出來的纖維平鋪晾乾成紙。

過去中國造紙，主要以木頭和布為主，而且有很複雜的工法步驟。到了明代，發明並普及了竹紙，其製造程序也大為簡化，於是就能夠提供大量品質較差、但售價遠為低廉的紙。

右：斬竹漂塘　左：蕩料入簾

建陽地處福建和江西交界處，該地氣候原本就適合產竹，而且因為地形限制，無法大量種稻，後來就轉而將許多土地用來種竹子，可以提供便宜的造紙原料。

過去私家印書，是屬於「雅」的領域，牽涉到幾個基本條件：首先要有值得印的內容，當然是文字的，當然是文人所寫的；然後要有錢，但光有錢也不夠，還要有具備技術的工匠能夠來刻印。到了明朝，文人可以繼續創作書的內容，而且不必一定要自己拿錢出來印書，沒有功名、沒有官俸的文人，一樣可以靠家族的商業貲財來印書。

22 明代中後期，實學思潮興起，最具代表性的著作有李時珍的《本草綱目》、宋應星的《天工開物》、徐光啟的《農政全書》和徐宏祖的《徐霞客遊記》，分別為醫藥學、技術科學、農學和地理學的經典之作。此外，同時間還有程大位的《算法統宗》、朱載堉的《樂律全書》、吳有性的《瘟疫論》等等。

23 《天工開物．殺青》中記錄竹紙製造的五個主要步驟為：斬竹漂塘、煮楻足火、蕩料入簾、覆簾壓紙、透火焙乾。

再者，因為交通便利，遠程商業發達，又有銀錢可以通用，文人就算住在沒有印刷工匠、印刷工坊的地方也沒關係，可以將書稿送到其他的印刷中心——例如建陽——去印。靠著來自全國各地的大量訂單，建陽可以壓低印刷費用；便宜的印刷費又使得即使加上了來回運送成本，還是有很多地方的很多文人負擔得起將自己的書付印所需的費用，又為建陽引來了更多的訂單。

02 興盛的藏書風氣和成熟的印刷工業

金庸小說《鹿鼎記》的故事背景設定在清康熙年間，小說開頭先從雍正朝發生的「明史案」講起。其中就充分反映了當時人的觀念與態度。做父親的要紀念死去的兒子，最重要的做法，便是安排將兒子寫的、甚至只是抄記的作品印刷出版，上面標顯兒子的名字。

另外，許多人家以藏書聞名，客人要特別參觀主人的藏書，也有慕藏書之名專程去拜訪的。宋代開始有了私家藏書、有了藏書家，但不論在人數上或藏書數量上，明代都遠遠超過宋代。

明代不只大城市裡有藏書家，絕大部分的中型城市都有具備全國知名度的藏書家。而且在明代要取得藏書家名聲，標準提升到「藏書萬種」。以前認為「家有萬卷書」已經很了不起，傳統線裝書是分卷的，一部《論語》可能就有二十卷，「萬卷」算起來大約幾百部書吧。到了明代，計算藏書不再滿足於「卷」數，而是講究一部書算「一種」，有些大部頭的書，「一種」就可以有幾百卷。能夠收藏到「萬種」，才算跨入了「藏書」的門檻。

明代還有另一種升級的藏書家，有本事、有能力可以印行自己的「叢書」。也就是從自己收藏的書裡精選出一部分，請人刻印成套，然後再賣給別人去收藏。今天在出版上仍在使用的「叢書」一詞，就是從這裡來的。原先是藏書家編印「叢書」，到了現代，轉由出版社來編印「叢書」。早年商務印書館印製「四部叢刊」，就還保留了這種從自家藏書中精選編印的意義。

顯然，藏書的風氣必須配合成熟方便的印刷工業，才能有「叢書」。相應還需要配套發展的，是相對完整且堅實的書籍運送販售系統，包括出版訊息有效的流通。

這些和印刷業有關的蓬勃現象，刺激了中國文人產製出更多作品，得以在市面上流通更多作品，同時將過去傳統留下來的著作進行編校、印刷、普及，從明代一直延續到清代。

03 《三台萬用正宗》是百科也是投資指南

發達的印刷術使得刊印的內容不再侷限於文人的作品，這是明代更有意思、更重要的突破性變化。

有一位叫余象斗的建陽書商，就自己撰寫刊印了一本書，書名叫做《新刻天下四民便覽三台萬用正宗》。這是一本著眼於實用的百科全書。

書中開篇第一卷說的是祥異，羅列了如果出現什麼奇特的自然現象，該如何對應於人事上來解讀。如果下太陽雨，即一邊出太陽、一邊又同時下雨，那是三十年內會有大旱災的徵兆。如果是晴空霹靂，沒有烏雲罩天卻打雷，那是老天爺敲天鼓，意味著會有兵災。如果有一縷蛇狀的雲掠過太陽，那也要小心：雲是青色的，表示要有瘟疫；雲是白色的，表示會有兵變；雲是暗紅色的，表示會有人叛變作亂；雲是黃色的，表示會有乾旱；雲是黑色的，則表示會有水災。如果有一隻鳥從太陽的方向飛過來，那也是將有乾旱的前兆。如果在滿月的望日，看得見月影中有一隻金蟾（亮亮的蟾蜍），那很可怕，表示將出現人吃人的悲慘狀況。

這些都是中國小傳統中累積而來對於天象的解釋，不過《三台萬用正宗》書裡還多加了一些不太傳統的內容：如果天上有彗星犯北斗，那就表示穀價要上漲；如果清明節起風，那是紙價會上漲；如果「穀雨」這天真的下雨了，麥田會歉收；如果重陽節颳大風，那也是穀價要漲。這些顯然就是投資指南了。

《三台萬用正宗》第一卷的內容值得細究。首先，傳統上朝廷會明令禁止「妄議祥異」，避免民間因迷信而發生集體動亂。皇帝的特權就包括了對於天象的解釋，「妄議祥異」侵犯了皇帝特權，是可以殺頭的大罪，余象斗卻大剌剌地將這樣的內容放在書的開頭醒目之處。

第二，《三台萬用正宗》裡對於這些災異的解讀，不只單純用文字描述，書上還附了圖畫，例如畫個太陽，加上一條細細彎曲的雲。顯然這本書還可以給不識字或識字不多的人使用。

第三，祥異被清楚地運用在商業預測上。建陽人一定很在意紙價會漲還是會跌，這直接關係到他們的生計與財富。書中列出的祥異現象，連接到荒歉或豐收、穀價上漲或下跌的情況更多。這明顯並不是要給當地方官的人作為施政借鑑的，主要的讀者是那些從事商業貿易的人。

如此關心穀價，顯示出當時的穀價很不穩定。明朝中葉之前，正史中記載了許多皇帝下詔書，特別要求地方政府設穀倉、注意管理穀倉以便存穀備荒的例子。然而大致以明武宗正德年間為分界，中葉之後所見的記錄，變成了報告各地穀倉荒廢無用的問題。

這意味著什麼？表示明朝的稻麥食糧持續商業化，許多地方原本自給自足的農業被破壞了，大批食糧作物進入市場流通買賣。市場需求很大，穀價變化也很大，就沒辦法、也沒道理再像以前一樣將穀子放進穀倉裡長期收藏。放在穀倉裡，等於是自願損失市場價值。

萬曆《嘉定縣志．田賦物產》中開頭便輕描淡寫地說：「縣不產米，仰食四方。」嘉定是在江南最適合產米的地理區域中，卻因為雙重因素而不只不產米，還到了寫《縣志》時已經被視為理所當然。一項因素是嘉定的紡織業高度發達，人力與資源都集中投注在照顧蠶桑上。另一項因素是穀物市場高度發達，很容易從外地交易取得米穀，就不需要自己種稻子了。

商業化當然就提高了不確定性，難怪《三台萬用正宗》這樣的書裡如此關切穀價，敏感地要從天象中求取荒歉饑饉的先兆。

和《三台萬用正宗》同樣屬於新興印書範圍的，還有關於律令的書，在十六世紀曾受到文人的注意與討論。朱元璋要求每個家戶都要保存《大誥》，以了解朝廷的規定，加上印刷業發達，於是就有很多律令之書在市場上流通。但在文人的傳統觀念中，這是一件值得警戒擔憂的事。

這麼多人對法律有興趣，還取得了掌握法律知識的管道，難道他們是為了守法而產生知法的動機？不可能吧！絕大部分的人知法，是為了讓自己不受法律限制，直白些說，知法都是為了避法，甚至是為了玩法。

此外，這麼多人要讀律令相關之書，也反映了訴訟深入民間，成為生活的一部分。這也不會是件好事，表示傳統上認定的那種「省訟少刑」的樸素、安靜社會不見了，取而代之的，是訴訟成為很多人——尤其是商人——用來保護利益或擴張利益的手段。當商人如此知法，而且主動運用訴訟，實質上就變成主管律令的衙門是在服務這些唯利是圖的商人。

刊行、流通的法律書籍，讓愈來愈多人能夠運用法律來保護自己或傷害別人。而這類書籍最主要的顧客和讀者，和《三台萬用正宗》一樣，是商人階層。

04 發達的地理述記與《徐霞客遊記》

還有一種同樣以商人階層為目標讀者的，就是上一講提到過的旅行相關內容的書。黃汴的《一統路程圖記》是有用之書，而且極為實用。上面詳細記載了各種路程，例如從揚州城出發，花三個銅錢上船沿著運河往南，到瓜州北門。下船後入北門，穿行過瓜州城，到了南門，就可以搭渡船橫越長江，到達對面南岸的鎮江。渡船到達鎮江碼頭前，會先經過知名的金山寺。

從碼頭經鎮江城的西門，向南走兩里半，到了鎮江的南門，在此處轉搭一艘遊船，就上了運河南段。如果你帶著行李，需要腳伕幫運，可以在鎮江南門雇得到，一個人次是十五個銅板。從鎮江以南，遊船是依照路程遠近計價的，每二十里大約算兩個銅板。

從鎮江到太湖岸，那就是吳江了，屬於蘇州府的另一個縣。到了吳江又要換船，因為每艘船有固定航段，到這裡很可能已經黃昏了，那麼還有夜船可搭，如果路上遷延，到的時間更晚，那就在這裡住一晚，等明天早上搭日船。搭夜船或日船南下往杭州，再從杭州接寧波，可以一路到普陀島。

這不過是《一統路程圖記》書中的一小段內容，提供了極其詳細、極其實用的資訊，對每一個步驟都交代得清清楚楚，里程、時間和花費也都算得很明白。《一統路程圖記》算是這類通俗實用旅行書的典型代表，背後反映了明朝人看待旅行、旅途的基本態度。

在這個背景下，出現了明代文人文化中突破性、開創性的成就，那就是徐宏祖的《徐霞客遊記》。這本書以日記的形式寫成，書中鉅細靡遺地記錄了在路途上的遭遇，不只是描述景觀的文字有獨到之處，更放寬了感官的雷達，從使用什麼交通工具、行過多少里程、和腳伕吵架、船隻晚上停泊何處，到深夜遇盜匪打劫等等，都記錄在書中。

《徐霞客遊記》是建立在像《一統路程圖記》這類書籍所提供的實用資料基礎上的；而《徐霞客遊記》的詳密紀實風格，明顯也受到這類參考書講究明白準確原則的影響，更進一步，《徐霞客遊記》又加入了知識系統，提供進一步普及化的地理知識。

單純從文人文化或文學的傳統看，《徐霞客遊記》像是獨立突起的高峰。但他之所以能走那麼遠，能去到那麼多地方，走了這山又那峰，找到這座廟又那塊奇石，其實有賴於明代發達的地發達的印書業推廣了這些地理參考資料，才能讓旅人安心方便上路。

賴交通條件，但旅行和交通不是同一回事。前面一再提及，蒙古人重視交通，當作維關鍵條件，費心費力地興造與維護交通路途，不過蒙古人並不是一個旅行的民族。他們來說，出門從這裡到那裡，是生存與生計所需，或統治上的必要，不是好玩的。可是代，在這樣的交通基礎上，發展出一種旅行的習慣與心態。明朝時來到中國的法國傳教下對於中國的深刻印象，就是人民擁有充分的行動自由與權利。任何一個公民都可以在兩京二省中自由旅行，要住哪裡就住哪裡，不會被政府人員打擾，沒有人干涉旅行者的行蹤，也不會有士兵攔住他要通行證。

能夠這樣在全國各地不受限制穿行，對商人來說是不可或缺的經營條件。哪怕是對自由行動的一點干預限制，都會妨礙龐大的商業體系運轉。而明朝帝國已經習慣於這個商業體系的存在，朝廷的財政與運輸也高度依賴這個體系。

從外國人的眼中，反而更能燭照出後來在中國歷史上被忽略的現象——當時中國的旅行配備比歐洲好得多。在還未完全瓦解的封建莊園制度下，歐洲的陸路和水路上到處都是關卡。而且人民沒有旅行的自由，走在路上的人，去到一個村鎮臨時居停的人，都是被用懷疑眼光看待的。

原先運用這套優良交通系統的主要是商人，後來文人也被吸引而上路了。文人的旅行表示不是為了特定的目的，往往也沒有必然的目的地，旅行成為文人的一種「癖好」。文人重視行旅，將自己去過的地方寫成文章留下來，蒐集並標榜自己看過多少山川景觀，徐霞客不過是這種「文人癖」發揮到最為淋漓盡致的一個例證。

明朝帝國竟然能夠提供公民自由旅行的環境，這徹底違反了開創明朝的朱元璋的想像。朱元璋完全無法想像，但在明朝中葉後成為事實的，就是帝國中很多有錢人不住在農村裡，他們大量移居到城市，促成了城市的高度繁榮。於是在城市裡又出現了特殊的文化形式與文化內容。

05 從邸報到民間報房，從書信到尺牘之書

明朝中葉開始出現「報房」，允許印行民間報紙。最早是朝廷有「邸報」，這是一套正規、常規化的政府公告系統，將重要的事務寫下來公告周知，其起源可以遠溯到漢朝，唐、宋沿襲到了明朝，「邸報」基本上天天都有，而且有了固定的張貼公布之處。

地方為了盡早得知「邸報」上所公布的重要訊息，會派人駐紮在「邸報」公告處附近，將[illegible]之。不過各方抄寫過程中難免會有錯誤，如果再經多次傳抄複製，很可能會有「失之

毫釐，差以千里」的情況發生，在政務推行上不只不方便，還會帶來各種丟官到送命的危險。

於是後來除了公告版「邸報」之外，又有了手抄版。與其讓各地方自己派人抄得不確不實，不如朝廷就抄好也核對確實了，再發給主要的機關。到明朝末年，原本用手抄或雕版印刷的「邸報」，再進一步變成用活版印刷。

有了朝廷統一發放的正版，不需要再自己抄「邸報」，然而各地方的「報房」名稱卻留了下來，轉換了功能。本來是為地方官府抄報，後來官府不需要了，民間卻還有需要。因為商業系統愈來愈活躍，朝廷的命令對商人來說很有價值，於是刺激出民間的「報房」。剛開始中規中矩抄錄「邸報」的內容，後來就開始添加其他相關內容，也就是我們今天所說的「新聞」。

到萬曆十八年（一五九〇年）左右，就有大臣余盛行上書，抱怨民間報紙上刊錄了不實消息，要求朝廷禁止這些報紙發行。這應該是中國歷史上最早對於新聞管制的主張。但到了這時候，各項條件配合下，報紙已經擴張成勢、無從禁起了。

最早是地方的報房在京城抄報，然後在朝廷發送公版抄本後，就改由地方在京的商人接手抄報、印報，提供給其他商人。民間刊印的報紙沒辦法像之前一樣運用官方驛站送回去，他們就建立自己的水路運輸系統。剛開始也許是請同鄉商人順便帶送，久而久之，報紙的需求愈來愈大，地方上的人想要更快知道朝廷的命令與新發表的制度辦法，就給了報房改善運輸方式的動機。

最關鍵的，是讓運送的路線與時間固定化。以前若要快一點，順利的情況是八天送到；遇到不順利的狀況，可能三十五天才到。等到穩定需求產生後，報房就必須努力讓報紙維持總是十天能夠到達。運送穩定了，一方面進一步刺激報紙的銷路，另一方面這條運送報紙的方便管道也可以用來運送別的物品。

和報紙在運送條件上最接近、最類似的，就是書信。寫信這件事在此時經歷了重大的歷史變化，而造成變化的兩大因素，一是識字率的提高，二是便利現成的遞送系統。從宋朝到明朝，寫信、寄信的難度大幅降低，相應地寫信的人、每個人寫信的頻率與數量大幅提高。

寫信普及到一定程度，又刺激產生了一項新的需求，那就是學習如何「正確」、「適當」地寫信。在書商印行的書籍中，出現了另一種特殊種類——尺牘相關之書。

這類書大概可以細分為三種。第一種是教人如何寫信的指南，上面條列出不同對象、不同情境，書信該如何開頭，該用什麼稱呼，該注意什麼忌諱，該遵守什麼禮貌，又該如何結尾。這是最直接也最簡單的內容。

第二種則是書信範本，將好的書信內容分類編輯，以供模仿、學習。水準再高一點的，還有第三種，就是文人將自己寫的書信當成作品來發表。明朝文人將來往尺牘放入文集中出版，蔚為流行風氣。而書信中直接、親密的語氣，對於後來「小品文」的出現與發展有著關鍵的影響。

尺牘的篇幅不會太長，文句有明確、單一的對象，收信者和寫信者又有相當的熟識，因而可以省略許多前情交代，直接說事抒情。這些特色都在「小品文」中得到更細膩、更突出的發揮。

06 「家訓」表現的純樸家風和士人外殼

居於「雅」與「俗」之間的還有「家訓」。「家訓」在中國傳統中淵遠流長，六朝時便有《顏氏家訓》傳世。到了宋代，「家訓」又和理學中對於日常道德修養的重視牽連上，得到進一步的發展，出現了有名的《朱子治家格言》。到了明代，由於印刷的普及作用，「家訓」從量變到質變，由原本強烈對內——家中父長提醒、訓誡家中子弟——的性質，開始有了愈來愈強烈的對外公共性。

宋朝時，只有少數有傳承的讀書人家庭持有「家訓」；到了明朝，「家訓」愈來愈普遍，不只讀書人家才有「家訓」，甚至有的「家訓」還明白規定家中的兒孫絕對不能遷居到城市裡，必須代代以務農為本。

這本公開刊印的書叫做《龐氏家訓》，表現出十分保守的態度，但書中內容極度詳細、極度具體。龐氏族長的價值觀是「累世鄉居，悉有定業，子孫不許移家住省城」，因為「三年後不知有農桑，十年後不知有宗族。」城市是個可怕的地方，使得人和土地、農業脫節，同時也就和自己的來歷、自己的祖宗脫節。唯一的例外是遇到盜賊侵擾，那時候可以為了避難暫時住到城裡去，否則一定都要在農村裡，守住農業根本。

反對城市生活，也就是反對享樂，子孫要信守「布衣蔬食」，甚至連對待客人也要節制，「今後客至，肴不必求備，酒不必強勸」，「待客，肴不過五品，湯、果不過二品，酒、飯隨宜。」明確規定最多五菜一湯，再加飯和酒，不能多過這樣。

這樣的「家訓」內容，主要是針對當時宴客的奢華炫耀風氣。這也是從宋代到明代，在社會習慣上很大的改變。小說《金瓶梅》援用《水滸傳》中的故事，雖然將故事背景假託在宋代，然而其中西門慶家的飲食宴客描述，卻是不折不扣的明代景象。炫耀式的飲食表現，在明代愈來愈流行。

《邵武府志》的作者在嘉靖二十二年（一五四三年）時感嘆地表示：十年之前，從來沒聽說有人用整隻鵝來請客的，但十年之後，請客竟然有擺出幾十道菜的，而且參加宴會的主人和客人，還得講究穿戴的衣帽必定要光鮮亮麗。邵武這個地方甚至有民間諺語說：「千金之家，三朝婚娶而空；百金之家，十朝宴賓而亡。」一般有點資產的家庭，請十次客就家產蕩盡了；再有錢的人家，經歷三次婚宴也會破產。

請客豪華奢侈到這種程度，難怪《龐氏家訓》中要明白規定就是五菜一湯，而且不准勸酒，飯和酒吃多少、喝多少，應隨客人之便。

《龐氏家訓》中另有一段規定，說的是親友之間送禮：如果要送一個豬頭，可以折一錢銀子；送兩隻鵝加一罈酒，折三錢；一隻羊和一罈酒，折五錢；一頭豬和一罈酒，折一兩。一頭豬加上一罈酒，這是厚禮，所以再加二分銀子作為果酒禮。

《龐氏家訓》的內容顯然分成內、外兩面。一部分對外宣告龐氏是怎樣的一個家族，有怎樣的家風，另一部分則是對內的嚴格規矩。有意思的是，貫串全書表現了高度的金錢意識，將許多行為都用明確的金錢數字固定下來。而且前面才說子孫代代都要務農為本，後面卻改口說：「士為貴，農次之，工商又次之，量力勉圖，各審所尚。」不只認為讀書比務農好，還教子弟要審量自己的能力，選擇適合的行業。

換句話說，在現實裡，這個龐氏家族並沒有像《家訓》中顯現得那麼保守。其中反映了典型明朝社會的作用，也就是底層的商業活動有很大的感染力，但表層的士人文化外殼依舊保存著。士人家族有人去做生意，商人家族有人去讀書，兩者高度交錯，其實都已經離開了農業，卻仍舊以土地、務農為純樸家風的外表，將自身與純粹的商人家庭區隔開來。

07「功過格」與《格古要論》

從「家訓」再推衍出去，就有了袁了凡設計的「功過格」。西方漢學將「功過格」翻譯為moral ledger，而ledger在中文裡是「簿記」的意思。這個翻譯準確地點出了「功過格」在來歷上和商業之間的關係。簡單地說，就是將商業上的收入、支出、餘額的觀念，運用在自我道德行為的監督審查上。

「功過格」其實就是一本「道德帳簿」，做了對的事便記在一欄，若是鬆懈失德犯了錯，就記在另一欄。然後看看「功」和「過」相抵之後，自己的道德行為餘額是正數還是負數，是增加還是減少。將道德量化，可以更有效刺激善的行為，降低惡的誘惑。就像懂得運用「簿記」，認真精確地記帳，有助於減少開銷，刺激努力去賺錢存錢。

士人文化重視道德修養的價值信念持續保留著，然而底層受到商業文化的影響，將以金錢量化為判準的習慣，挪移運用在道德的計算上。「功過格」清楚顯現了士人文化和商業文化結合的密切程度。

活躍的商業貿易也催長了更發達的奢侈品市場。明代立朝之初，皇家與朝廷是主要的奢侈品消費中心，原本南京是最主要的精緻工匠技藝集中之處，明成祖遷都後，有一大部分的高等級匠戶一併被遷到北京去。

隨著時間推移，工匠的技藝不斷精進，工匠的產能也有所提升，不再是舊有匠戶系統所能限制的。有本事的工匠逐漸流傳出去，以他們原先服務皇家的技藝，吸引了貴富商家。有錢人當然羨慕帝王家的享受，當然會想要模仿，於是奢侈品市場便不斷擴大。

明朝古董市場上曾經出現一種「新定瓷」，產自霍州彭窯。[24] 霍州的瓷器原本售價大約只有「定瓷」的五分之一，但商人找到有效的廣告行銷策略，將產品重新定名為「新定瓷」，直接套襲「定瓷」的名氣，就能夠賣出較高的價錢。最好的時候，售價升到差不多如定窯產品的三分之二左右。

還有「金縷漆器」，在漆器表面塗上帶有金色的顏料，特別的塗法看起來好像是用金線編織出來似的。「金縷漆器」產於雲南，本來是皇家貢品，後來很多地方都習得了技術，紛紛仿製，市場上到處都有，只有少數行家才分得出是不是雲南出產的正品。

24 明曹昭《格古要論．卷下古窯器論》「霍器」條說：「出霍州，元朝戧金匠彭君寶效古定制折腰樣者，甚整齊，故曰彭窯。土脈細白者，與定相似，皆滑口，欠滋潤，極脆，不甚值錢。賣古董者稱為新定器，好事者以重價收之，尤為可笑。」

這些都是奢侈品市場擴張的明證，整體來看，也是一般日用品的普遍升級。從「定瓷」衍生出「新定瓷」，從雲南的「金縷漆器」衍生出到處的「金縷漆器」，於是刺激了另一種新的需求，那就是鑑賞、鑑定，不只區分真假，還要品鑑等級。奢侈品市場愈大、商品愈多、現象愈混亂，這方面的需求就愈迫切。買得起真「定瓷」古董的富人，一定不願意和別人買的「新定瓷」放在一起、混為一談。

有關品味與鑑賞的書，在十四世紀，即明朝建立不久後就出現了。洪武二十年（一三八七年），曹昭寫了一本《格古要論》；七十年後，明代宗景泰七年（一四五六年），王佐將此書進行了修訂，名為《新增格古要論》。

這些書談的是古董，也就是教人收藏古董的祕訣，其價值偏見是愈古愈好，不過書中連帶還教導該如何有品味地展示古董。

例如景泰藍和定窯、汝窯的茶杯，都是貴重的好東西，但擺放的地方與方式卻不一樣。景泰藍只能放在客廳裡，如果放進書房就顯得沒品味。厚重的大簾幕也是品味的象徵，然而和景泰藍一樣，是用在客廳給客人欣賞的，不適合裝設在書房裡。書房主要是獨處的地方，應該清雅，不該有炫耀意味的擺設。

明代相應產生了一批書籍，就是專門教人如何過一種文人的生活，並且依照這一套文人品味標準來評論各種生活現象。這又和宋代的文人文化很不一樣。「琴棋書畫」就在宋代文人的生活裡，構成他們的生活內容，他們學習、體驗、享受，卻很少談論、評斷。到了明代，文人文化擴展了範圍，吸引許多有錢人想要依照文人般生活，所以需要有教導、品評、分級等內容。這類書籍有很大的市場，尤其是商人家庭，會特別想讓自己具備文人的樣貌。

這類書籍大部分仍然在福建印製，但最大的銷售市場在揚州，那裡是徽商的文化中心。徽商最有錢，又有強烈的意識要讓自己和文人文化連結在一起，以保有長遠的家族發展基礎。

08 商業領域尋求向文人文化靠攏

嘉靖九年（一五三〇年）出版的《惠安縣志》書中，照例會有關於地方風土物產的記錄，不過記錄的方式卻加上了品鑑的成分。書中告訴我們，「龍眼」這個名稱指的不是一種水果，而是那類水果當中品級最高的。要在一定大小尺寸之上的果實才能稱為「龍眼」，才配得上這個名稱所指涉的「龍之眼」形象。太小、乾癟的不能叫「龍眼」。

《惠安縣志》中又提到，縣內有四種不同的櫻樹，分別在農曆六、七、八、九月開花。在惠安的庭園中，這四個月都可以賞櫻，連帶便說明應該如何設計、經營一座好的庭園，以及當地賞花的種種習俗。後面又列出惠安縣所種植的果樹，內容卻不是單純介紹自然風土，而是深談如何鑑賞自然，如何和自然發生一種有品味的關係。

《葉縣縣志》則提到當地所產的植物中，有一種奇特的茶樹叫「寶珠茶欉」，其特色是花比葉子還多。另外有「香清石榴」、「白木槿」等等。對照考證之後，我們發現，這些植物其實稱不上是葉縣的特產，這樣的內容毋寧是編撰《縣志》的人在誇耀自己對植物的認識與品味。

仕紳文化中產生了和生活品味有關，以品味來連結、感受生活中諸多事物的內容，在明代大為發展。整體來說，驅動明朝歷史的核心、關鍵力量，其實來自於商業。和宋朝的狀況相比，明朝出現的新鮮現象與事物，追究到底，其根源幾乎都是源自商業活動或商業系統。

從宋朝經歷了元朝，進入明朝之後，商業以十倍、百倍的力量在發展，從根柢上創造出許多不一樣的歷史現象。過去我們看不到這樣的商業根柢，在歷史理解上習慣探問的方式是：明朝怎麼會有這麼繁榮的商業活動？這也是「資本主義萌芽」理論的提問法，是將商業活動視為非常現象，以尋求解釋。

然而靠著「資本主義萌芽」的研究解釋，我們現在有條件能夠換從相反方向問：明代如此龐大、元氣淋漓的商業力量，為什麼沒有沖倒文人文化？為什麼文人文化維持了高度權威，只有部分被商業化？反過來，是商業領域不斷尋求向文人靠攏，產生了商業文化和文人文化交雜、甚至高度「文人化」的變化？

在明代，商業無法以本來面貌理直氣壯地存在、展現，必須和士人文化結合。在商業的支撐下，向上和士人文化的互動中，刺激產生了新的形式與內容。

士人文化的韌性令人驚異。上有皇帝的打壓苛待，下有商業活動的逼擠，士人文化卻並未潰不成軍，仍舊延續著從宋朝傳承下來的一些基本價值與高度合法性。沒有垮掉的士人文化，在近世後期，也就是明朝和清朝的歷史中，扮演了什麼樣的角色？尤其重要的，這樣的社會、文化元素，後來遇到西方勢力入侵，又發揮了什麼樣的作用，造成了什麼樣的變化？

09 最想生活在十六世紀的中國

歐洲十五世紀開始了大航海的冒險，在中國明朝時找到了航路，到達東方。歐洲人此時到中國來的經驗，和後來的帝國主義截然不同。基督教傳教士來到中國，他們採取的傳教手法，是在全世界最有彈性的。因為他們對中國帶著一份羨慕、乃至自卑的心情，以至於不可能用高壓強迫的手段將教理灌輸給中國人。

在兩件事情上讓他們強烈體會中國領先歐洲。第一是明代中國的印刷術，以及流通的眾多印刷物。歐洲的印刷業當時還停留在以印製《聖經》為主，卻在中國看到有那麼多不同的書籍，還有民間私人的龐大藏書。相關的現象是中國社會的識字人口比例，遠遠超過當時的歐洲。多到讓他們在這時期傳回歐洲的描述，往往將中國形容成一個沒有文盲、人人能讀書、人人都能讀孔教經典的地方。

第二是發達的交通，方便自由的旅行。像《一統路程圖記》中提供的訊息，如此詳密準確，讓旅人在路途中可以安心依循，在當時的歐洲還無法想像。

史家史景遷曾經說過，如果可以選擇，除了活在現實當下之外，他最想活在十六世紀的中國。他曾經做過關於利瑪竇的研究，透過當時來到中國的傳教士眼光看到的中國，在比較之下，應該會更迷人、更有吸引力吧！

從這個角度，也就引發我們要問：為什麼到了十九世紀，不過兩百多年後，西方對中國的印象和看法徹底逆轉改變了？逆轉的一項變數，是西方在這兩百多年的進步；但還有另外一部分，與中國的歷史與文化變遷有關，是我們在接下來的幾冊書中要認真探究的。

不一樣的中國史⑩
從士人到商幫，商業驅動的時代——元、明

作者 / 楊照

副總編輯 / 鄭祥琳
編輯協力 / 陳懿文
封面、內頁設計 / 謝佳穎
排版 / 連紫吟、曹任華
行銷企劃 / 舒意雯
出版一部總編輯暨總監 / 王明雪

發行人 / 王榮文
出版發行 / 遠流出版事業股份有限公司
地址 / 臺北市中山北路一段11號13樓
電話 / (02)2571-0297　傳眞 / (02)2571-0197　郵撥 / 0189456-1
著作權顧問 / 蕭雄淋律師

2021年 5 月 1 日 初版一刷
2021年10月20日 初版二刷
定價 / 新臺幣380元 (缺頁或破損的書，請寄回更換)

ISBN 978-957-32-8984-5
遠流博識網

http://www.ylib.com
E-mail: ylib@ylib.com
遠流粉絲團 https://www.facebook.com/ylibfans

國家圖書館出版品預行編目（CIP）資料

不一樣的中國史. 10：從士人到商幫，商業驅動的時代-元、明 / 楊照作. -- 初版. -- 臺北市：
遠流, 2021.05
面；　公分.
ISBN 978-957-32-8984-5(平裝)

1.中國史

610　　　　110001563